U0524751

庆祝《中俄睦邻友好合作条约》签署
20周年文集

主　编◎谢伏瞻　［俄］伊·谢·伊万诺夫
副主编◎孙壮志　［俄］安·瓦·科尔图诺夫

中国社会科学出版社

图书在版编目（CIP）数据

庆祝《中俄睦邻友好合作条约》签署20周年文集 / 谢伏瞻，
（俄罗斯）伊·谢·伊万诺夫主编. —北京：中国社会科学出版社，2021.6
ISBN 978 – 7 – 5203 – 8093 – 5

Ⅰ.①庆… Ⅱ.①谢…②伊… Ⅲ.①中俄关系—文集 Ⅳ.①D822.351.2 – 53

中国版本图书馆CIP数据核字（2021）第046179号

出 版 人	赵剑英
策划编辑	喻 苗
责任编辑	范晨星　侯聪睿
责任校对	王佳玉
责任印制	王 超

出　　版	中国社会科学出版社
社　　址	北京鼓楼西大街甲158号
邮　　编	100720
网　　址	http://www.csspw.cn
发 行 部	010 – 84083685
门 市 部	010 – 84029450
经　　销	新华书店及其他书店
印刷装订	北京君升印刷有限公司
版　　次	2021年6月第1版
印　　次	2021年6月第1次印刷
开　　本	710×1000　1/16
印　　张	23.5
字　　数	226千字
定　　价	258.00元

凡购买中国社会科学出版社图书，如有质量问题请与本社营销中心联系调换
电话：010 – 84083683
版权所有　侵权必究

传承睦邻友好　开启崭新征程

——写在《庆祝〈中俄睦邻友好合作条约〉签署20周年文集》出版之际

2021年7月16日，我们共同迎来《中俄睦邻友好合作条约》签署20周年。

20年前，中俄双方在全面总结两国关系发展经验和成果基础上签署了《中俄睦邻友好合作条约》（以下简称《条约》），为迈入新世纪的中俄关系长期健康稳定发展奠定了坚实法律基础，为两国开展各领域友好合作确立了基本原则，成为中俄关系史上的重要里程碑。

时光如梭，《条约》签署以来的20年，正是国际风云激荡、复杂演变的20年，也是中俄关系提质升级、笃定前行的20年。双方始终以《条约》宗旨和原则为指引，不断巩固两国睦邻友好，深化战略协作，拓展各领域互利合作，给两国人民带来了实实在在的利益，为构建新型大国关系树立了典范，也为地区和世界和平与稳定做出了积极贡献。2019年，习近平主席同普京总统共同宣布发展中俄新时代全面战略协作伙伴关系，确立了"守望相助、深度融通、开拓创新、普惠共赢"的双边关系新内涵。两国传统友谊焕发出新的蓬勃生机。

在《条约》签署20周年之际，中国社会科学院和俄罗斯国际事务委员会共同出版《庆祝〈中俄睦邻友好合作条约〉签署20周年文集》，收录大量回忆文章，生动再现《条约》签署的历史背景，深入阐述《条约》的时代价值。回眸这帧帧历史，我们更加深刻地感受到两国睦邻友好的重大意义，更加珍惜今天中俄关系的大好局面，也对中俄合作的未来更加充满信心。

我们坚信，在两国元首的战略引领和《条约》精神指引下，中俄关系必将在新的历史征程上继续乘风破浪，一往无前，不断取得新发展，收获新成果，为增进两国人民福祉、维护世界和平稳定做出更大贡献。

中华人民共和国国务委员

兼外交部长

王毅

为俄罗斯国际事务委员会和中国社会科学院合编的《庆祝〈俄中睦邻友好合作条约〉签署20周年文集》撰写的序言

今天,俄中关系可以说正处于历史上最好的时期。在2019年6月举行的俄中峰会上,两国元首宣布俄中全面战略协作伙伴关系进入新时代。而这一关系的政治法律基础正是2001年7月16日由俄罗斯联邦总统普京和中华人民共和国主席江泽民在克里姆林宫签署的《俄中睦邻友好合作条约》。

这一历史性文件巩固了双边协作的新形式,确定了双边协作在长远的未来不断扩大的理念基础。《条约》的签订雄辩地证明,俄中关系具有无限的潜力。

《条约》吸收、升华了俄中关系多个世纪以来的发展经验,并将其与公认的当代国际法原则、准则有机结合。自《条约》签署20年来,我们与中华人民共和国不断发展和全面深化的合作表明，这一历史性文件成功经受住了时间的检验。在当今的现实情况下，文件的规定不仅没有过时，而且获得了新的意义，继续成为在可预见的未来俄中关系的可靠基础。

在《条约》的基础上，符合俄罗斯和中国的根本利益及两国人民期望的最佳国家间关系模式已经形成，它正在有效地发挥作用，并将继续发展，不断被赋予新的内容。两国的合作超越了意识形态，具有独立价值，也不针对第三方。我们不会把各自的立场和价值观强加给对方，我们会尊重各自选择的国家建设道路。我们之间的对话是伙伴之间平等和信任的相互交流。这样的立场使我们建立起稳定的、不受形势因素影响的战略协作架构。

我相信，由俄罗斯国际事务委员会和中国社会科学院合编的这本反映俄中关系最近 20 年发展演进过程的文集，将不仅为研究俄中关系的专家提供全面翔实的资料，而且会使广大读者受益。

俄罗斯联邦外交部长
俄罗斯国际事务委员会监事会主席

（谢·维·拉夫罗夫）

目 录

❋ 推动新时代中俄关系向更高水平发展
　　——庆祝《中俄睦邻友好合作条约》签署20周年
　　……………………………………………… 谢伏瞻（1）

❋ 不忘世代友好初心，共绘和平发展蓝图
　　——庆祝《中俄睦邻友好合作条约》签署20周年
　　……………………………………………… 乐玉成（19）

❋ 砥砺濯磨数十载，潮平风正恰当时
　　——写在《中俄睦邻友好合作条约》迎来20华诞之际
　　……………………………………………… 张汉晖（31）

❋ 让世代友好薪火相传，永放光芒
　　——庆祝《中俄睦邻友好合作条约》签署20周年
　　……………………………………………… 李　辉（43）

❋ 忆《中俄睦邻友好合作条约》的签署
　　……………………………………………… 周　力（51）

❋ 从中俄关系历史中汲取智慧

……………………………………………… 周晓沛（69）

❋ 中俄在国际事务中的战略共识

……………………………………………… 邢广程（85）

❋ 发展经贸合作是夯实中俄关系的重要因素

……………………………………………… 陆南泉（105）

❋ 中俄学者肩负捍卫第二次世界大战成果的共同使命

……………………………………………… 吴恩远（127）

❋ 以《中俄睦邻友好合作条约》为引领，共同应对百年变局

……………………………………………… 李永全（141）

❋ 中国和俄罗斯推动完善全球治理体系：成就与路径

……………………………………………… 孙壮志（157）

❋ 促进理念沟通，加强中俄政治互信

……………………………………………… 庞大鹏（177）

❋ 新世纪，新现实

……………………………………… 伊·谢·伊万诺夫（193）

❋ 俄罗斯与中国：奔向未来的双边关系

——庆祝《俄中睦邻友好合作条约》签署20周年

……………………………………… 伊·弗·莫尔古洛夫（205）

❋ 庆祝《俄中睦邻友好合作条约》签订20周年

……………………………………… 安·伊·杰尼索夫（221）

※ 俄中合作：从全球议程到双边贸易的中期成果与前景展望
　　……………………………… 谢·根·卢贾宁（237）

※ 俄中合作的经济缩影：虚拟结构与客观现实
　　……………………………… 维·拉·拉林（245）

※ 俄罗斯和中国数字未来的前景与挑战
　　……………………………… 阿·亚·马斯洛夫（269）

※ 尊重和理解：社会科学使俄罗斯和中国的关系越来越紧密
　　……………………………… 亚·弗·洛马诺夫（283）

※ 金砖国家与国际安全
　　……………………………… 安·瓦·科尔图诺夫（297）

※ 俄中在上海合作组织中的安全合作
　　——庆祝《俄中睦邻友好合作条约》签署和上海
　　　合作组织成立20周年
　　……………………………… 米·阿·科纳罗夫斯基（309）

※ 消除朝鲜半岛危机带来的威胁是俄罗斯与中国的共同任务
　　……………………………… 格·亚·伊瓦申佐夫（323）

※ 俄罗斯与中国：共同应对制裁压力
　　……………………………… 伊·尼·季莫费耶夫
　　　　　　　　　　　　　　　克·阿·库兹明娜（337）

※ 欧亚经济一体化与"一带一路"倡议的对接
　　……………………………… 弗·叶·彼得罗夫斯基
　　　　　　　　　　　　　　　尤·维·库林采夫
　　　　　　　　　　　　　　　阿·尼·拉里奥诺娃（353）

※ 编后记 …………………………………………………（363）

推动新时代中俄关系向更高水平发展

——庆祝《中俄睦邻友好合作条约》签署20周年

谢伏瞻

中国社会科学院院长、党组书记

谢伏瞻

研究员，博士生导师。历任国务院发展中心副主任、国家统计局局长、国务院研究室主任、河南省省长、河南省委书记等，曾任中国人民银行货币政策委员会委员。自2018年3月起，任中国社会科学院院长、党组书记。中共第十八、十九届中央委员。

2020年的最后一天，中国国家主席习近平和俄罗斯总统普京互致新年贺电，共同迎接对中俄关系具有特殊意义的2021年。习近平主席在贺电中强调，双方将围绕庆祝《中俄睦邻友好合作条约》（以下简称《条约》）签署20周年这一主线，大力弘扬两国世代友好理念，为新时代中俄关系发展擘画新愿景、增添新内涵。在庆祝《条约》签署20周年之际，两国元首达成的最新共识，将推动新时代中俄关系向更高水平发展，为两国人民带来更大福祉，为动荡变革的世界注入更多正能量。

《条约》原则奠定新时代中俄关系坚实政治基础

2001年7月，中俄两国领导人在深刻总结历史经验的基础上概括了中俄关系的主要原则、精神和成果，并将两国和两国人民"世代友好、永不为敌"的和平思想用法律形式确定下来，为两国关系开辟了广阔的发展空间。《条约》体现了中俄战略协作伙伴关系的深化与升华，是指导

21世纪两国关系发展的纲领,《条约》确立的原则奠定了新时代中俄关系的牢固政治基础。

(一) 相互尊重、和平共处

遵循《联合国宪章》规定和其他公认的国际法原则和准则,中俄尊重彼此的传统文化、主权和领土主权、社会制度以及发展道路,在相互关系中不使用武力或以武力相威胁,也不相互采取经济及其他施压手段,不把自己的意志和模式强加于对方,互不侵犯、互不干涉对方内政,主张以和平方式解决彼此间的分歧。中俄相互尊重、和平共处顺应了国际关系民主化的历史潮流,体现了民主和包容的精神,并树立了国与国之间求同存异发展友好关系的典范。

(二) 相互支持维护本国核心利益

在涉及国家主权、安全和领土完整等核心利益的问题时,中俄相互给予坚定有力的战略支持。一方面,支持对方在维护本国国家统一和领土完整问题上的政策。俄方坚持一个中国原则,反对任何形式的"台湾独立";中国对俄罗斯打击车臣恐怖分裂主义和各种恐怖势力同样给予坚定支持。另一方面,不为任何第三国损害对方主权、安全和领土完整等核心利益提供帮助和便利。双方承诺不参加任何损害对方主权、安全和领土完整的联盟或集团,不采取任何此类行动;不允许第三国利用其领土损害对方国家主权、安全和领土完整。中俄坚定支持对方维护本国核心利益，既保障了两国关系健康稳定发展，也有力维护了和平稳定的地区安全环境。

（三）不结盟、不对抗、不针对第三国

在总结过去数十年两国关系经验教训的基础上，中俄打破了冷战期间大国关系不是结盟就是对抗的旧思维和旧模式，确立了不结盟、不对抗、不针对第三国的新型国际关系原则。中俄共同致力于构建新型伙伴关系，承诺互不首先使用核武器、互不将各自的战略核武器瞄准对方，落实边境地区军事领域相互信任和裁减军事力量的措施，并强调根据有关协定进行的军事和军技合作不针对第三国。不结盟、不对抗、不针对第三国原则的确立与实践，体现了国家之间以互信求安全、以互利求合作的时代要求，并使中俄成为维护世界和平的重要力量。

（四）坚持多边主义

中俄坚定支持多边主义，维护联合国权威和地位，恪守《联合国宪章》宗旨和原则，重申各自根据《联合国宪章》及其参加的其他国际条约所承担的义务。长期以来，两国共同致力于加强在联合国及其专门机构的合作，确保联合国安理会在维护国际和平与安全领域的主要责任；加强在国际金融机构、经济组织和论坛框架下开展合作；推动在两国周边地区建立多边安全和合作机制。中俄积极践行多边主义，使两国合作超越双边范畴而具有多边意义，在凝聚全球共识和协调全球行动方面发挥了重要推动作用。

（五）高层交往机制化

为给落实《条约》提供强力支持，双方一致同意利用并完善各级别的定期会晤机制，特别是《条约》确定建立最高级和高级定期会晤，就双边关系和共同关心的重要而迫切的国际问题交换意见和协调立场。在机制化的高层交往中，两国领导人通过频繁互访和密切联系，建立了高度的相互信任和深厚的个人友谊，牢牢把握了中俄关系持续向好发展的航向，并推动中俄各领域合作不断取得新成果。

总之，中俄睦邻友好合作不仅符合两国人民的根本利益，更为地区和世界和平发展做出了重要贡献。《条约》确立的基本原则表明中俄已经建立起全新的国际合作模式，并奠定了新时代中俄关系坚实的政治基础。在《条约》原则和精神的指引下，两国关系步入快速发展轨道，并成为大国、邻国睦邻友好、互利共赢的典范。

元首战略引领赋予《条约》精神新的时代内涵

党的十八大以来，在两国元首高瞻远瞩的战略擘画和亲自引领下，中俄关系不断开拓奋进，砥砺前行，为《条约》精神注入更为丰富的时代内涵。2019 年 6 月，在习近平主席对俄罗斯进行国事访问期间，两国元首共同将中俄关系提升为"新时代全面战略协作伙伴关系"，并将政治合作、安全合作、务实合作、人文交流与国际协作作为中俄全面战略协作伙伴关系的重点领域。这是中俄两国站在建交70周年的新的历史起点上,为进一步发展全面战略协作伙伴关系做出的具有里程碑意义的重大政治决断。2020年新冠肺炎疫情发生以来,面对新的复杂国际形势,中俄关系发展不仅没有停滞,还开拓了新领域、新思路和新方式,并达到前所未有的新高度。

(一)以高层次政治合作为新时代中俄关系发展提供根本保障

两国元首密切交往和战略引领体现了新时代中俄关系的高水平和特殊性。2013年3月,习近平主席将俄罗斯作为当选国家主席后出访的首站,新时代中国特色大国外交成功起步开局,也由此开辟了中俄关系的新纪元。在过去八年多两国元首数十次会晤中,既有会谈桌前的共商天下大事和合作大计,也有共乘高铁、同游涅瓦河的轻松交流,更有相互庆祝生日的温馨祝福。频繁互访和密切交往成为中俄关系高水平的生动写照。在习近平主席和普京总统的引领下,中俄高层交往和各领域合作机制日益完善,各部门和各地方也相继建立了稳定的交流协商机制,为中俄关系发展提供了可靠的制度保障。实践证明,中俄关系高水平发展的一个重要条件,就是两国元首在处理重大问题时密切沟通、积极协调,尤其是在涉及重大国际和地区问题上加强政策协调、战略协作和行动支持。

高水平的政治信任是新时代中俄关系的最重要的特征，坚定的相互支持是两国关系的核心价值。当今世界，国际格局加速演变，国际社会面临单边主义和霸凌行径的严重威胁。但是，无论国际风云变幻，中俄双方始终以邻为伴，守望相助，给予彼此坚定有力的支持，体现出在当今大国关系中最高水平的相互信任和战略协作。新冠肺炎疫情发生后，一些西方政客突破国际法和国际关系基本准则的底线，大搞病毒标签化和疫情防控政治化，借疫情对他国抹黑、甩锅，甚至在国际关系中制造热点和对抗。面对个别国家罔顾事实的无理攻击与抹黑、肆无忌惮地制造和传播"政治病毒"，中俄双方相互支持，彼此仗义执言，构筑了抗击各种病毒的坚强堡垒。中俄共同抗疫的经历，正转化为推进中俄新时代全面战略协作伙伴关系高水平发展的新动力。在大国关系正在经历新一轮分化组合的历史进程中，作为世界大国和安理会常任理事国，中俄之间高水平的政治互信对于维护地区和世界和平稳定发挥了不可替代的重要作用。

（二）以发展型安全合作为新时代中俄关系塑造高度战略默契

统筹发展与安全是中俄安全合作的本质特征。当今世界，安全已成为与发展并重的突出问题。发展与安全是具有内在逻辑关系的有机统一体，两者相互支撑、相互促进、高度融合。在发展与安全关系的认识上，中俄达成高度共识。中俄元首签署的《中华人民共和国和俄罗斯联邦关于发展新时代全面战略协作伙伴关系的联合声明》明确指出，中俄安全合作的目标是确保两国国家安全，为各自国家稳定发展创造有利条件，有效应对各类传统和新型安全威胁与挑战。这说明，中俄倡导的是发展型安全，安全合作服务于国家发展。在全球化时代，国家发展有赖于开放、和平的国际环境，而霸权主义和强权政治只会造就不利于发展的外部环境。因此，发展型安全反对任何形式的战争政策、侵略政策和扩张政策，立足发展谋求安全，在共同发展中维护共同安全。当前，中俄正以实际行动践行发展型安全合作理念，共同创造以发展促安全、以安全保发展的国际安全合作新格局。

统筹传统安全与非传统安全是中俄安全合作的核心任务。当今时代，传统安全威胁和非传统安全威胁错综复杂、相互交织，人类安全面临前所未有的挑战。尽管核武器的出现使中俄卷入大国之间大规模战争的概率降到极低，但传统安全威胁依旧存在。冷战后，作为冷战产物的北约非但没有解体，而且还在不断地东扩，危及地区和平与稳定；中俄周边地区也存在一些不稳定因素。同时，非传统安全威胁更加凸显，粮食安全、能源资源安全、网络安全、气候变化、重大传染病疫情和自然灾害等全球性问题给各国经济社会发展带来的负面影响和冲击不断加大。更值得关注的是，两类安全威胁相互交织、界限更加模糊。正因如此，中俄安全合作实现了各类传统和非传统安全威胁的全覆盖，并在应对各类安全挑战中达成高度战略默契，筑牢了有利于两国和平发展的国家安全防线。

（三）以全方位务实合作为新时代中俄关系注入持续发展动能

全方位务实合作为新时代中俄关系奠定了坚实的物质基础。《条约》签署以来，中俄在贸易、投资、金融等领域的务实合作取得了引人注目的丰硕成果。中国海关总署统计数据显示，2020年中俄货物贸易额为1077.65亿美元，较2001年增长12.5倍。中国保持了俄罗斯第一大贸易伙伴国地位。中国国家统计局数据显示，2019年中国对俄罗斯直接投资存量为128.04亿美元，较2001年增长4.8倍；中国对俄罗斯承包工程完成营业额为27.67亿美元，较2001年增长29.7倍；中国实际利用俄罗斯外商直接投资额为5402万美元，较2001年增长81.5%。为落实两国元首关于深化双边金融合作达成的重要共识，中国人民银行与俄罗斯联邦中央银行于2015年12月签署《中国人民银行与俄罗斯联邦中央银行合作谅解备忘录》，标志着中俄银行业合作机制的建立。同时，双方跨境贸易本币结算、货币互换和融资合作稳步推进。

中俄务实合作正步入全面提质升级发展新阶段。当前，中俄已采取一系列务实举措推动两国务实合作全面提质升级。这些措施包括：推动贸易增量提质，提高双边贸易便利化水平，扩大相互投资，为双方投资合作创造良好的条件；落实和探寻更多具有可行性的大型合作项目；鼓励两国中小企业积极参与投资合作；扩大金融合作，提高中俄跨境清算效率，增加双边贸易中本币结算份额，扩大两国支付系统和银行卡合作，支持本国金融机构参与对方债券市场交易；发展能源合作，巩固中俄能源战略伙伴关系，发展在石油和天然气领域的上下游合作；发展基础设施互联互通合作；加强中俄跨境运输合作，推进运输通关便利化，提高运输服务质量效率；发展农业合作，扩大双方优质农产品食品贸易。中俄双方的务实行动及其积极成果将使两国利益深度交融，并实现更深层次、更大范围的互利共赢。

（四）以多元化人文交流为新时代中俄关系培育牢固社会根基

人文交流是中俄新时代全面战略协作伙伴关系的重要组成部分。中俄人文交流的目标是传承世代友好，巩固民间友好往来，促进文明互学互鉴。党的十八大后，在元首战略引领下，中俄人文交流步入快车道。2013年3月，习近平主席访俄期间同普京总统达成"中俄双方每年互办电影节"等重要共识；2013年秋，习近平主席提出的"一带一路"倡议得到俄方积极响应，两国人文交流愈加紧密，人文各领域务实合作不断深化，地方合作持续推进，有力夯实了两国在经济贸易、国际事务以及政治领域合作的民意基础。在中俄建交 70 周年纪念大会上，两国元首一致同意，在教育、文化、体育、旅游、媒体以及青年等领域举办更多人民广泛参与、喜闻乐见的活动，鼓励两国社会各界、各地方加强交流互鉴，促进理念沟通、文化融通、民心相通，共同传递中俄世代友好的接力棒。

中俄适应新形势要求不断探索和创新人文交流路径。当今时代，世界多极化、经济全球化、社会信息化、文化多样化深入发展，各国之间相互交往、相互关联、相互依存的程度与方式发生了深刻变化。在此背景下，中俄适应新形势要求，不断探索更加多元化的人文交流新路径。首先，新时代中俄人文交流适应了新一轮科技革命的新形势。作为负责任的世界大国和具有重要影响力的科技大国，中俄顺应科技革命大潮、把握科技发展大势，推动两国科研工作者和科技界开展全方位、多层次、宽领域交流合作。2019 年 6 月，习近平主席和普京总统共同确定 2020 年和 2021 年举办中俄科技创新年，并启动了科研、展览、学术交流等一系列合作项目。其次，新时代中俄人文交流适应了两国人民对美好生活向往的新形势。近年来，中俄成功互办文化节、电影节、旅游合作、青少年运动会、历史档案文献展等项目，丰富了两国人民的精神文化生活，推动了更深层次的文明交流互鉴。最后，新时代中俄人文交流适应了新冠肺炎疫情冲击的新形势。疫情发生后，传统的人文交流渠道和方式受到阻碍和干扰，但丝毫没有影响中俄人文交流的深入推进，双方探索了丰富多样的线上人文交流活动，并且两国人民围绕抗击疫情开展了更加密切的交流与合作。

（五）以建设性国际协作为新时代中俄关系开辟广阔发展空间

中俄国际协作展现了两国维护世界和平稳定的责任担当。在国际事务中，中俄在推进世界多极化、坚定维护联合国在国际事务中的核心作用等方面保持高水平的协调与合作；共同反对霸权主义和强权政治，敦促有关国家遵守包括核裁军条约在内的现有国际军控条约；坚决摒弃旨在加剧地缘政治竞争的遏制政策，共同推动构建总体稳定、均衡发展的大国关系。在地区事务中，中俄协作应对亚太地区安全挑战，秉持客观、公正立场促进朝鲜半岛、伊朗、叙利亚、阿富汗等国际热点问题妥善解决，推动建立开放、透明和平等的亚太地区安全与合作机制；共同推动上海合作组织发展，不断提升安全合作水平，并在各种地区安全机制中进行密切的政治和外交协作。中俄战略协作在妥善解决国际和地区热点问题上发挥了日益显著的"稳定器"作用。

中俄国际协作为全球治理体系改革和完善发挥了建设性作用。中俄都是全球治理的重要参与者、建设者、贡献者，两国在全球治理领域的密切协作为全球治理体系改革和完善发挥了十分重要的建设性作用。中俄双方都支持世界贸易组织在公平公正基础上进行必要改革，维护发展中国家的利益，推动全球贸易自由化和便利化；都致力于推动国际货币基金组织和世界银行份额与治理改革，提高新兴经济体的代表性和话语权；都积极参与二十国集团、金砖国家等多边合作机制框架下的合作，推动它们在国际合作和全球治理方面发挥更大作用。同时，"一带一路"倡议同欧亚经济联盟深度对接为构建更加平等均衡的新型全球发展伙伴关系和包容联动的全球发展治理格局注入了新动力。

携手推动新时代中俄关系向更高水平迈进

关于中俄关系定位和未来发展，习近平主席从战略维度和宏观角度出发，强调要以互信为基石，筑牢彼此战略依托；要深化利益交融，并肩实现同步振兴；要促进民心相通，夯实世代友好基础；要更加担当有为，维护世界和平安宁。这些重要主张普京总统完全赞同。中俄新时代全面战略协作伙伴关系将由此迎来新的更大发展机遇。

（一）持续增进政治互信，构筑更高水平战略依托

当前，中俄两国都处在民族复兴的关键时期，都致力于推动落实新的国家发展战略规划。2020年10月，党的十九届五中全会通过了关于制定国民经济和社会发展第十四

个五年规划和 2035 年远景目标的建议。中国将坚持新发展理念、构建新发展格局、推动高质量发展，在更高起点上推进改革开放。俄罗斯也于 2019 年 2 月公布了未来几年国家经济发展的主要任务和基本目标。但是，相比以往，两国发展面临的外部环境发生了深刻变化，阻碍和干扰经济发展的各种因素和力量有所增加，国家独立、主权和领土完整也面临各种新的挑战。中俄比以往任何时候都更需要增进政治互信和加强战略协作。高水平的政治互信将促进更加深入的利益交融，并为两国的高质量发展构筑更加牢固的战略依托。

（二）全面深化务实合作，推动更高水平战略对接

中俄在资源禀赋、产业发展和经济体制上各有优势和特色，两国经济互补性强、利益契合度高，各领域务实合作前景十分广阔。为深入挖掘共同经济利益和相互之间的优势互补空间，中俄要把握新一轮科技革命给全球发展带来的历史性机遇，共同打造好"一带一路"倡议同欧亚经济联盟高水平对接平台，不断创造传统领域和新兴领域合作新动能。当前，"一带一路"建设已步入高质量发展的新阶段。尽管受到疫情干扰，"一带一路"国际合作仍展现出强大的韧性和动力，中俄发展战略对接也因疫情开辟了新的领域和方式。在中俄战略对接合作框架下，中俄双方将拓宽思路，创新模式，不断深化经贸、能源、金融、科技、航天、数字经济、农业以及交通运输等领域务实合作，继

续推动两国务实合作全面提质升级，实现更高水平的利益交融和互利共赢。

（三）积极参与全球治理，促进更高水平战略协作

当今世界正处于百年未有之大变局，新冠肺炎疫情全球大流行使这个大变局加速变化。和平与发展仍是时代主题，但和平与发展面临的挑战显著增加。一方面，国际力量对比深刻调整，大国战略竞争和权益博弈日趋激烈，国际环境的动荡性、竞争性和对抗性显著上升；另一方面，世界经济增长的动力明显不足，经济全球化的负面效应更加凸显，给全球治理体系的发展完善提出了更高要求。与此同时，新一轮科技革命和产业变革的加速推进，世界多极化、经济全球化、社会信息化、文化多样化以新的方式和路径深入发展，世界各国相互联系的深度与广度不断拓展，国家利益进一步相互交织，人类从未像今天这样命运与共。在此背景下，人类命运共同体理念更加深入人心，国际社会加强国际合作和完善全球治理的呼声更加高涨。作为全球主要大国，中俄肩负维护世界和平与发展的时代使命。为此，中俄应高举和平、发展、合作、共赢旗帜，坚持多边主义和共商共建共享原则，更加积极参与全球治理体系改革和建设，共同致力于推动国际政治经济秩序朝更加公正合理的方向发展。

总之，《条约》签署 20 年来，国际社会共同见证了《条约》的强大生命力和历久弥坚的中俄友谊。历史经验充

分表明，无论过去、现在还是将来，中俄都是搬不走的好邻居、拆不散的真伙伴。在新的历史时代，中俄将继续秉持条约精神，不断激发双方合作的内生动力，在"真""深""实"上下功夫，共同推动中俄关系实现更高水平发展，为世界和平与发展做出新的更大贡献。

不忘世代友好初心，共绘和平发展蓝图

——庆祝《中俄睦邻友好合作条约》签署 20 周年

乐玉成

中国外交部副部长

乐玉成

曾先后在中国外交部苏联东欧司、中国驻苏联使馆、驻俄罗斯使馆、外交部欧亚司、常驻联合国代表团、外交部政策规划司等部门工作。历任外交部部长助理、中国驻哈萨克斯坦特命全权大使、驻印度特命全权大使、中央外事工作领导小组办公室副主任、中央外事工作委员会办公室副主任等职。2018 年至今任中国外交部副部长。中共第十九届中央候补委员。

岁月不居，时节如流。中俄建交70余载贯穿无数的历史事件和重要节点。其中，《中俄睦邻友好合作条约》（以下简称《条约》）的签署无疑是承前启后、意义非凡的里程碑事件。《条约》将两国"世代友好"的理念以法律形式确定下来，为中俄关系长远发展奠定了坚实基础，成为指导双边关系和各领域合作发展的纲领性文件，是中俄关系乃至国际关系发展史上的伟大创举。

2021年是《条约》签署20周年。20年来，中俄关系在《条约》精神指引下节节攀升，已成为互信程度最高、协作水平最高、战略价值最高的一对大国关系。这是中俄两国和两国人民之福，也是世界和平与发展之幸。今天我们庆祝《条约》签署20周年，是为了更好重温《条约》精神，牢记缔约初心，充分认识和把握中俄关系在过去和今后一个时期承担的历史责任和使命，不断开创中俄关系崭新未来，更好地造福中俄两国和世界。

《条约》的签署是顺应大势、合乎民心的正确抉择

（一）《条约》是对中俄关系历史经验的深刻总结，反映了两国人民世代友好的共同心愿

1949年建交以来，中俄两国关系的实践不断从正反两方面提示我们，政治互信始终是两国关系发展的基石，和平共处是两国人民的共同愿望。正是在深刻总结和把握两国关系历史发展经验的基础上，双方一致同意通过《条约》"将两国关系提高到崭新的水平，决心使两国人民间的友谊世代相传"，从而以法律的形式把两国"世代友好，永不为敌"的和平理念彻底固定下来。这不仅为两国关系行稳致远吃下了"互信"的定心丸，也向国际社会作出了两国坚决走和平发展道路的庄严宣示。在《条约》宗旨和原则指导下，双方很快彻底解决了历史遗留的剩余边界问题，建立起平等信任、相互支持、共同繁荣、世代友好的全面战略协作伙伴关系。

（二）《条约》是两国携手发展、相互成就的必然要求

苏联解体至《条约》签署前，中俄关系完成从"相互视为友好国家""建设性伙伴关系"到"战略协作伙伴关系"三级跳。与此同时，两国面临的国内经济发展和现代

化建设任务更加繁重,国际形势复杂多变带来的风险日益凸显。作为拥有4300多千米共同边界的最大邻国,构建持久安全稳定的周边环境、助力各自发展振兴成为中俄双方共同的战略需求。在《条约》"长期全面地发展睦邻、友好、合作和平等信任的战略协作伙伴关系"以及"相互尊重对方根据本国国情所选择的政治、经济、社会和文化发展道路"精神指引下,双方坚持把对方发展视为本国发展的机遇,相互坚定支持对方办好自己的事,相互坚定支持对方发展强大,致力于实现共同发展、共同繁荣。

(三)《条约》是推动构建21世纪新型大国关系和国际秩序的客观需要

世纪之交的国际格局面临两极体系解体带来的"空窗期",霸权主义、单边主义冲动上升,形形色色的恐怖主义、极端主义、大规模杀伤性武器扩散以及国际犯罪对世界安全构成新威胁和新挑战。广大发展中国家迫切希望通过改革不合理的国际秩序谋求发展。如何建立21世纪新型大国关系和国际秩序成为当时国际社会关注的焦点。中俄两国作为负责任大国,跟随时代的步伐,倾听世界的声音,拿出勇气和魄力,将"和平共处五项原则"和"遵循《联合国宪章》的规定及其他公认的国际法原则和准则"写入《条约》,彻底摒弃了不是结盟就是对抗的冷战思维,超越了零和博弈、文明冲突的陈旧观念,形成了以互信求安全、以互利求合作,共享尊严、共享发展成果和共享安全保障的新型大国关系，树立起相互尊重、公平正义、合作共赢的新型国际关系典范。

《条约》赋予中俄两国特殊责任和担当

初心传递责任，使命召唤担当。20年来，中俄两国始终秉承世代友好、合作共赢的缔约初心，牢牢把握服务各自国家民族复兴、促进人类共同进步这条主线，始终致力于完成时代赋予两国的历史责任和担当。党的十八大以来，以习近平同志为核心的党中央高度重视发展中俄关系，两国关系进入历史最好时期。习近平主席2013年3月将俄罗斯作为出访首站，推动中国特色大国外交成功开局。2019年中俄建交70周年之际，习近平主席与普京总统共同宣布发展中俄新时代全面战略协作伙伴关系，开辟了两国关系新纪元。7年来，习近平主席同普京总统会晤32次，2020年疫情期间通话5次，建立了密切的工作关系，结下了深厚的个人友谊。"高铁外交""生日外交""冰球外交"等一次次亲密互动，树立起元首外交的典范，引领中俄关系取得前所未有的大发展。

（一）坚持人民至上

在《条约》指引下，中俄两国始终秉持人民至上理念，将在互利共赢基础上开展各领域合作、增进人民福祉作为两国关系发展优先方向。2018年以来，中俄双边贸易额连年超过1000亿美元，较2001年增长20倍，中国连续11年成为俄最大贸易伙伴国。2020年在全球贸易大幅下滑背景下，中俄农产品贸易逆势增长，中国成为俄最大的农产品、肉类产品出口目的地国。两国毗邻地区形成"双桥双管"互联互通新格局，航空航天、能源领域战略性大项目"上天入地"。北京市民使用上了来自中俄东线天然气管道的"蓝色燃料"，北斗、格洛纳斯卫星导航系统对接兼容给我们的工作生活带来更多便利，微信、支付宝、速卖通日益进入俄罗斯寻常百姓生活，成为新时期"三大件"。新冠肺炎疫情发生后，中俄两国始终坚持"人民至上，生命至上"，守望相助，同舟共济，在疫情联防联控、互派医疗专家组、相互提供物资支持以及药物和疫苗研发合作等多个领域开展了密切合作，有力维护了两国人民身体健康和生命安全，树立了国际合作抗疫典范。

（二）坚持公平正义

在《条约》指引下，中俄两国坚持相互尊重、平等相待，在国际事务中共同维护公平正义。习近平主席强调，和平、发展、公平、正义、民主、自由是全人类共同价值。中俄两国从《条约》和双边关系发展中汲取智慧，主张全球事务应由各国共同治理，国际规则应由各国共同书写，任何国家都没有主宰他国命运、垄断发展资源的权力。处理国与国关系不以意识形态划线，不以社会制度论亲疏，各国可以建立起基于共同利益的伙伴关系,建立起共同而非排他的朋友圈。2013年访俄期间,习近平主席首次提出构建人类命运共同体理念和推动建立以合作共赢为核心的新型国际关系。正是在这一思想指导下,中俄两国始终坚持"结伴不结盟",加强与发展中国家和新兴市场国家的团结协作,推动国际热点问题政治解决进程,成为治理世界乱象的中流砥柱,为推动全球治理体系改革和建设做出重要贡献。

(三)坚持开放合作

在《条约》指引下,中俄两国向世界源源不断注入着开放合作、互利共赢的正能量。当前,新冠肺炎疫情仍在全球肆虐蔓延,"政治病毒"依然横行于世,"治理赤字""信任赤字""和平赤字""发展赤字"不降反升。面对单边主义、保护主义和逆全球化思潮,中俄双方始终坚定维护以世界贸易组织为核心的多边贸易体制,秉持共商共建共享的全球治理观,积极推进"一带一路"和欧亚经济联盟对接合作,畅通区域供应链、产业链,为处在寒冬中的全球经济注入"暖流"。双方将团结合作作为战胜疫情最有力的武器,携手抵制借疫情搞"污名化""政治化",努力让疫苗成为各国人民用得上、用得起的国际公共产品,为打造人类卫生健康共同体做出突出贡献。

《条约》指引新时代中俄关系前进方向

理念引领行动，方向决定出路。20年后的今天，两国人民对中俄关系提出了新的要求，世界各国对"中俄组合"寄予更大期待。在世纪疫情、百年变局相互叠加，国际社会面临合作还是对抗、团结还是孤立、进步还是倒退的历史选择时，我们要充分激发《条约》的示范效应和强大生命力，以更大气度、更大格局、更大作为推动中俄关系和国际治理迈上新台阶。

一是要继续为世界经济复苏注入中俄动力，让发展的动能源源不断。中俄两国要牢牢抓住发展这个解决一切问题的总钥匙，坚定维护多边贸易体制，推进全球贸易投资自由化和便利化、区域经济一体化，着力破解当前世界经济面临的增长动能不足、经济治理滞后、发展失衡三大突出矛盾；要将两国共抗疫情、复工复产的经验和成效转化为开展国际抗疫合作、促进国际经济复苏的中俄智慧和力量，携手推动世界经济之船尽快走出疫情阴霾，驶向共同发展繁荣的春天；要不断提升两国合作的独立价值和内生动力，继续深化经贸关系，充分释放中俄科技创新和新兴经济领域合作潜力，稳步朝着到2024年将双边贸易额提升至2000亿美元的目标前进；要大力弘扬"上海精神"，充分发挥两国在上合组织、金砖国家等机制内的"双引擎"作用，积极开展"中俄+"合作，努力扩大同各国利益交汇点；用足用好亚投行、金砖国家新开发银行等多边金融机构，推动金砖国家合作行稳致远，打造更多共赢共享的全球公共产品。

二是要继续为世界和平稳定作出中俄表率，让和平的薪火代代相传。中俄双方要牢牢把握中俄关系发展的战略方向，不受任何外部因素的干扰和破坏；继续坚定支持彼此走符合本国国情、人民自主选择的发展道路，坚定支持彼此办好本国的事情；加强多种形式的治国理政经验交流，维护彼此政治安全和政权安全；坚决反对域外势力以各种借口插手本地区国家内部事务，策动"颜色革命"；继续开展执法安全合作，坚决打击地区"三股势力"，积极参与网络、极地、深海、外空、生物安全等新领域国际治理，推动建立多边、民主、透明的全球互联网治理和全球数据安全体系，为解决国际地区热点问题、全球气候治理、核安全全球治理等提出中俄方案、发挥中俄作用。

三是要继续为构建新型国际关系打造中俄典范，让榜样的光芒熠熠生辉。人类只有一个地球，各国共处一个世界，谁也不能独善其身，谁也不能一家独大。只有顺应时代潮流，开展全球协作，齐心协力应对挑战，才是正确选择。中俄双方应将两国不结盟、不对抗、不针对第三国的新型国家关系发扬光大，着眼守望相助、深度融通、开拓创新、普惠共赢的双边关系新内涵，坚定不移维护以联合国为核心的国际体系、以国际法为基础的国际秩序和以联合国宪章宗旨原则为核心的国际关系基本准则，回应处在历史十字路口的人类社会对和平、稳定、安全的期待，做世界和平的建设者、全球发展的贡献者、国际秩序的维护者，推动建设相互尊重、公平正义、合作共赢的新型国际关系，构建人类命运共同体。

长风破浪会有时，直挂云帆济沧海。20年来，中俄关系的发展实践充分表明，《中俄睦邻友好合作条约》确立的宗旨和原则符合中俄两国和两国人民的根本利益，契合和平、发展、合作、共赢的时代潮流，经得住任何国际风云变幻的考验。站在新的历史起点上，我们将同俄方伙伴肩并肩、手拉手，始终牢记世代友好的初心，始终高举和平发展的旗帜，坚定不移沿着《条约》确定的方向开拓进取，奋发有为，为增进中俄两国人民和世界人民的福祉做出不懈努力。

砥砺濯磨数十载，潮平风正恰当时

——写在《中俄睦邻友好合作条约》迎来 20 华诞之际

张汉晖

中国驻俄罗斯特命全权大使

张汉晖

曾先后在北京外交人员服务局、中国驻吉尔吉斯斯坦共和国使馆、外交部欧亚司、驻乌克兰使馆等部门工作。历任中国外交部欧亚司司长，中国驻哈萨克斯坦共和国特命全权大使，中国外交部部长助理、副部长等职。2019 年 8 月至今任中国驻俄罗斯特命全权大使。

2021年，中国和俄罗斯将共同庆祝《中俄睦邻友好合作条约》（以下简称《条约》）签署20周年。在百年变局与世纪疫情相互激荡、国际格局深刻演变、中俄新时代全面战略协作伙伴关系砥砺前行之际，回顾《条约》签署的历史背景，挖掘其时代价值和现实意义，有助于我们继往开来，确保中俄关系在高水平上行稳致远，为两国和两国人民带来更多福祉，为世界和平稳定带来更多正能量。

青山遮不住，毕竟东流去
——基于历史经验教训的必然选择

近一个世纪以来，中俄关系历经风雨，爬坡过坎，在不断探索中曲折前行。十月革命一声炮响，让马克思主义舶来中国。在伟大的抗日战争与卫国战争时期，中苏军民携手并肩，为人类正义事业浴血奋战。新中国成立次日，两国就正式建立了外交关系。1950年2月14日签署的《中苏友好同盟互助条约》，为新中国迅速在国际舞台上站稳脚跟提供了强大后盾。抗美援朝战争期间，中苏作为军事盟友密切配合，共同维护了朝鲜半岛和平稳定，也打出了新中国的精气神。苏联援华的156个项目为新中国工业体系的建立奠定了重要基础。遗憾的是，在蜜月期之后，两国关系陷入长达20多年的恶化、论战、对抗期，双方甚至一度在边境地区兵戎相见。20世纪80年代末，经过近10年的谈判，双方秉持"结束过去、开辟未来"的精神，才推动中苏关系实现正常化。

中苏关系走过的弯路留给我们许多思考和启示。无论是以党际关系替代国家关系、扭曲相互平等与尊重，还是作为对手硬碰硬冲突对抗，无论是冷战还是热战，都给两国带来难以估量的巨大损失，都不符合双方的根本利益和两国人民的期待。中俄作为世界大国和联合国安理会常任理事国，互为最大邻国，对抗和结盟都不是睿智的相处之道。唯有平等相待、相互尊重、相互扶持、友好合作，才能给两国带来真正持久的稳定、发展与繁荣。

雄关漫道真如铁，而今迈步从头越
——顺应新世纪新形势的战略创举

苏联解体后，中俄双方超越社会制度和意识形态上的差异，本着实事求是精神，实现了中苏关系到中俄关系的顺利过渡，并推动两国关系在20世纪最后十年实现跨越式发展：1992 年双方确认"相互视为友好国家"，1994 年宣布建立"睦邻友好、互利合作的建设性伙伴关系"，1996 年又提升至"平等信任、面向 21 世纪的战略协作伙伴关系"。中俄关系"三级跳"为两国在 21 世纪走向更加紧密的战略协作奏响恢宏序曲。

世纪之交，中国经济在全面开放下保持高速增长，俄罗斯也迈入稳定发展的新阶段。两国都以民族复兴为战略目标，均需构建良好稳定的国际环境。此时，大国关系正经历冷战后的深度调整，世界多极化、国际关系民主化成为历史潮流。但个别国家固守霸权思维，各种威胁论和文明冲突论层出不穷，针对中俄两国的地缘政治遏制日益抬头。欧盟、北约"双东扩"不断蚕食俄罗斯战略利益，北约"误炸"中国驻南联盟使馆、南海撞机事件等均是将矛头直指中国。

中俄两国战略处境相似，战略理念相通，国际利益相近。新世纪、新形势、新挑战都要求中俄双方进一步深化战略互信、增强战略协作、加大相互支持、扩大互利合作，为促进两国共同发展创造更好条件，为推动构建更加公正合理的国际政治经济秩序做出更大贡献。

2001 年 7 月 16 日，双方在全面总结历史经验教训、梳理双边关系发展需求、把握国际格局趋势走向的基础上，签署了《中俄睦邻友好合作条约》，确立了两国关系进一步发展的宗旨和原则，其核心是将不结盟、不对抗、不针对第三方的新型国家关系和"世代友好、永不为敌"的理念用法律形式固定下来。

《条约》充分体现了中俄在双边及国际事务中共同的战略目标和需求，实现了两国从集团政治到新型大国关系、从意识形态之争到共同发展繁荣的历史性转变，为两国关系在 21 世纪长远发展奠定了坚实法律基础，是中俄关系史上最重要的里程碑之一。《条约》摒弃了冷战时期国家关系非结盟即对抗的旧思维，在世界范围内开创了国与国关系的崭新模式，树立了大国关系典范，具有强大生命力和深远历史意义。

不管风吹浪打，胜似闲庭信步
——确保中俄关系行稳致远的动力源泉

《中俄睦邻友好合作条约》让战略协作伙伴精神成为两国关系最重要的特质，其"世代友好"的主旨为两国关系在新世纪里迅猛发展提供了坚实制度保障。20 年来，在《条约》精神指引下，中俄成为山水相连的好邻居、守望相助的好朋友、精诚合作的好伙伴，两国关系进入历史最好时期，成为互信程度最高、协作水平最高、战略价值最高的一对大国关系，也是冷战结束以来最成功的大国关系。

——双方发展了最稳定的政治关系。中俄都把对方作为本国外交优先方向，和睦相处、平等相待，建立起高度的政治互信和完备的高层交往机制，及时就彼此关切的重大问题密切沟通、坦诚交流，化解困难和问题，确保双边关系高水平运行。根据《条约》精神，双方全面划定4300多千米共同边界的走向，彻底解决历史遗留的边界问题，为中俄关系发展扫清了最大的政治障碍和隐患。2011年在《条约》签署10周年之际，中俄宣布建立全面战略协作伙伴关系，两国关系的特殊性和战略性得到进一步提升。

——双方保持了最有力的相互支持。中俄始终坚定支持对方自主选择发展道路，坚定支持对方维护本国核心利益，绝不允许任何势力在本国从事损害对方的活动，坚决反对任何外部势力干涉对方内政。双方在涉及主权、安全等重大问题上保持密切沟通，就发展道路理念、治国理政经验等开展对话、互学互鉴，共同应对各类风险和挑战，为各自国家发展营造安全稳定的外部环境。

——双方推进了最有效的务实合作。中俄基于互利共赢原则加强经济、人文等各领域合作。双边贸易额从2000年的80亿美元增加到2019年的1100亿美元，增长了十几倍。投资、能源、航空航天、互联互通、农业、金融、电子商务、科技合作多点开花，战略性大项目不断取得新进展。"一带一路"建设和欧亚经济联盟对接收获重要早期成果。两国连续多年举办大型国家级主题年，教育、旅游合作持续扩大和深入，两国民众相互好感增多，传统友谊日益巩固。

——双方开展了最有效的战略协作。中俄致力于促进世界多极化和国际关系民主化，两国元首多次发表关于国际形势、战略稳定和重大热点问题的政治文件，阐明了维护《联合国宪章》宗旨原则、坚持国际关系基本准则、倡导多边主义的鲜明立场。双方在联合国框架内以及金砖国家、中俄印、中俄蒙等多边合作机制内密切协调与配合，推动国际和地区热点问题解决。双方团结地区国家，共同引领与《条约》几乎同时诞生的上海合作组织发展壮大，将其打造为促进地区和平、稳定、发展的重要平台。中俄战略协作已成为维护世界和平稳定、捍卫国际公平正义的中流砥柱。

20年来的实践充分证明，《条约》确立的宗旨和原则符合两国和两国人民根本利益，契合和平与发展的时代主题，能够经得住任何国际风云变幻的考验，这也正是中俄关系保持高水平发展、不断获得提升的不竭动力源泉。

装点此关山，今朝更好看
——书写新时代新辉煌的坚实基础

2013年3月，习近平当选国家主席后几天即把俄罗斯作为出访首站，并在此访期间首次阐述了构建人类命运共同体和新型国际关系的基本原则。中国特色大国外交成功开局，中俄关系的新纪元由此开启。自那时起，习近平主席8次访俄，普京总统9次来华，双方在双多边场合会晤30余次。两国元首相互信任、坦诚相待，建立了密切的工作联系和深厚的个人友谊。在习近平主席和普京总统的战略擘画和亲自引领下，中俄关系始终沿着正确航向乘风破浪，不断迈向新高点、取得新成果，《条约》也被不断赋予新的时代内涵。

2019年6月，在中俄建交70周年之际，习近平主席与普京总统共同宣布发展中俄新时代全面战略协作伙伴关系，推动双边关系定位进一步提升。新时代中俄关系以守望相助、深度融通、开拓创新、普惠共赢为目标，强调加大相互战略支持，深化利益交融，深挖双边关系潜力，推动构建新型国际关系和人类命运共同体。这是对两国关系70年发展历程的总结与升华，为中俄关系继续前进注入强劲动力。

百年未遇的新冠肺炎疫情发生后，中俄牢牢践行守望相助、患难与共的新时代精神，向对方无私提供各类援助。两国坚决同政治病毒作斗争，坚定支持对方维护本国核心利益；共同反对强权政治和霸权主义，坚定维护多边主义和国际公平正义。习近平主席同普京总统5次通话，在大国领导人中保持最紧密战略沟通。中俄经贸等领域务实合作逆势前行，保持强大韧性和活力。

与 20 年前相比，当今国际形势正在经历新一轮大发展、大变革、大调整。以金砖国家为首的新兴市场国家和发展中国家群体性崛起势不可当，给全球政治经济格局注入新活力，全球发展版图更加全面均衡。与此同时，世界进入动荡变革期，疫情蔓延、经济衰退、治理困境是国际社会面临的突出挑战，单边主义、保护主义、强权政治成为阻挠国际合作的主要障碍。在新的历史背景下，中俄新时代全面战略协作伙伴关系的独特优势和宝贵价值愈加凸显。正如 2020 年 12 月 28 日习近平主席与普京总统通电话时指出，中俄关系具有强大内生动力和独立价值，不受国际风云变幻影响，不受任何其他因素干扰；中俄加强战略协作，能够有效抵御打压分化两国的任何图谋，并为维护国际公平正义筑就坚固屏障。两国元首高度重视《条约》确立的世代友好理念和新型国际关系原则，商定要以庆祝《条约》签署 20 周年为契机，在更大范围、更宽领域、更深层次上推进双方合作，坚定不移致力于推动两国全面战略协作伙伴关系高水平发展。

中俄双方已商定将条约延期，并赋予其新的时代内涵。两国元首达成的重要共识，为《条约》延期和中俄关系未来发展定下了基调。在 21 世纪第三个十年的开局之年，中俄双方将携手抓住新的历史机遇，直面新威胁与新挑战，立足新时代，继续在《条约》精神指引下，全面落实两国元首共识，努力开创两国关系的崭新篇章。

——新时代召唤新典范。高度政治互信和元首战略引领是中俄关系最突出的特征。双方要继续增进互信，加大支持对方走符合本国国情的发展道路，支持对方维护本国核心利益和发展振兴；就各自大政方针、内外政策、发展战略等重大问题加强沟通，肩并肩、背靠背开展协作，同舟共济，真诚互助。确保中俄关系发展不受任何外部因素干扰和破坏，在新时代继续发挥睦邻友好合作的典范作用。

——新时代要求新动能。面对复杂严峻的外部环境，中国加快构建新发展格局，俄罗斯的复兴之路也在坚定前行。中俄经济互补性强，双方要深挖合作潜力，利用"科技创新年"加快前沿科技领域合作，打造更多利益契合点和新合作增长点。推动双边贸易额朝2000亿美元的目标扎实迈进，深入开展"一带一路"建设同欧亚经济联盟对接合作。不断提升两国合作的独立价值和内生动力，让合作与发展的红利更多惠及两国人民。

——新时代追求新联通。两国人民的深厚友谊是推动中俄关系发展、确保世代友好的力量源泉。新时代要把促进民心相通作为重要任务，开展更多丰富多彩、贴近人民生活的交流活动。鼓励加强智库、媒体、青年、地方等各层级的往来与合作，扩大和深化文化交流，着力培养了解热爱对方语言文化的青年人才。更好地促进双方理念沟通、文化融通、民心相通，夯实中俄关系不断向前发展的民意和社会基础。

——新时代鼓励新贡献。复杂多变的国际形势需要维护公平正义的真正舵手。中俄双方要开展水平更高、范围更广、程度更深的战略协作,肩并肩站在一起,背靠背相互支撑,坚持多边主义和共商共建共享的全球治理观,坚守和平、发展、公平、正义、民主、自由的全人类共同价值,为维护世界和平稳定,推动国际秩序朝着更加公正、合理的方向发展贡献更多"中俄智慧"和"中俄方案"。

潮平两岸阔,风正一帆悬。中俄友谊的巨轮在历经无数考验和磨炼之后,正比以往任何时期都更加平稳地行驶在历史长河之中。无论国际风云如何变幻,中俄作为最主要、最重要、最亲密的战略协作伙伴,都有十足的信心与能力经受住各种惊涛骇浪,推动中俄新时代全面战略协作伙伴关系与时俱进、乘风前行。

让世代友好薪火相传，永放光芒

——庆祝《中俄睦邻友好合作条约》签署 20 周年

李 辉

中国政府欧亚事务特别代表
前中国驻俄罗斯特命全权大使

李 辉

曾先后在中国驻苏联使馆、中国外交部苏欧司、中国驻俄罗斯使馆、中国驻哈萨克斯坦使馆、外交部欧亚司工作，历任中国驻哈萨克斯坦大使，外交部部长助理、副部长，中国驻俄罗斯特命全权大使等职。2019 年 8 月至今任中国政府欧亚事务特别代表。

20年前的仲夏时节，克里姆林宫弗拉基米尔大厅金碧辉煌。中俄两国各界友好人士齐聚一堂，共同见证签署《中俄睦邻友好合作条约》（以下简称《条约》）这一历史性时刻。正是这份《条约》，将两国世代友好理念和不结盟、不对抗、不针对第三方的新型国家关系以法律形式固定下来，为21世纪中俄关系发展奠定了坚实法律基础。回顾20年来的壮阔历程，《条约》当之无愧地成为指导中俄关系长远发展的纲领性文件，其历史意义和时代价值值得深入研究和总结。

世纪之交的历史际遇

回顾20世纪，世界各国历经多场大规模战争和长期动荡冲突，人们不禁发出"世界向何处去"的世纪之问。步入千禧之年，要和平、求稳定、谋发展成为各方共识，国际社会亟待寻找与新形势相适应的国与国相处之道。

当时的中国，正处于经济发展和现代化建设的关键时期。构建稳定周边环境、发展全球伙伴关系成为中国外交的首要任务之一。作为拥有4300多千米边界线的最大邻国，俄罗斯是中国发展睦邻友好关系的天然选择。当时的俄罗斯，正在努力探索符合自身国情的发展道路，提出务实多元的外交政策，俄中关系在俄罗斯外交全局中的战略意义进一步凸显。当时的国际社会，正经历两极体制消逝、大国关系重塑、多极化趋势显现的调整期。经济全球化促使各国相互依存度日益加深，建立公正合理的国际政治经济秩序成为国际社会的普遍呼声。作为世界大国和联合国安理会常任理事国，中俄注定要在国际事务中携手发挥更大建设性作用。

世纪之交的中俄关系正是在这样的背景下悄然步入新的历史阶段。双方都认为，有必要制定一份指导两国关系长远发展的政治文件，将世代友好的和平理念以法律形式永久固定下来。在2000年7月发表的《中华人民共和国和俄罗斯联邦北京宣言》中，双方宣布着手启动相关谈判进程。经过近一年的密集磋商，双方于2001年7月16日正式签署《中俄睦邻友好合作条约》。值得注意的是，俄国家杜马审议《条约》时，出席会议的409名议员中有407人投票赞成，这种"一边倒"的情况在杜马历史上是空前的。这也从一个侧面反映出《条约》的签署符合两国根本利益和双边关系发展需要，是顺应历史潮流、广受民众拥护的一大创举。

世代友好的精神内核

《中俄睦邻友好合作条约》全篇共计 25 条、2800 余字，以高度凝练的笔触勾勒出两国关系发展的基本原则和重点方向，深入阐述了双方在重大国际问题上的原则立场，体现了两国关系发展的实际和一系列重要共识，具有鲜明的时代特征和突出的战略导向。

一是确立了两国关系发展的基本原则。《条约》指出，双方在和平共处五项原则基础上发展长期平等信任、睦邻友好与互利合作关系，包括在国家主权和领土完整以及发展道路问题上相互支持等。这是《条约》内容的核心所在，为面向 21 世纪的中俄关系注入了"不结盟、不对抗、不针对第三方"的新内涵，为世代友好的和平理念增添了新注脚。

二是展现了谈判解决边界问题的积极姿态。两个存在领土争议的大国，不可能放开手脚发展双边关系。彻底解决历史遗留的边界问题，是中俄关系健康发展的重要前提。双方在《条约》中以专门条款阐明了妥善处理边界问题的建设性态度，为下一步开展坦诚对话打下了良好基础，也为各国和平解决边界问题提供了中俄方案。

三是奠定了两国各领域合作的总基调。《条约》指出，新时期的中俄关系应着眼发展政治、安全、务实等领域合作，完善高层交往及各层级定期会晤机制，加强边境地区军事信任，巩固各自安全以及地区国际稳定，在互利基础上广泛开展经济社会各领域合作。尽管20年来两国合作已取得长足发展，但《条约》提出的总体思路并没有过时，双方还将继续沿着《条约》勾勒的范本持续深化和扩展互利合作。

四是明确了中俄在国际问题上的一致主张。双方强调，将严格遵守国际法，加强在联合国及其安理会以及专门机构的合作，维护全球战略平衡与稳定，积极推动核裁军、打击跨国犯罪等领域合作。这充分表明，中俄关系的影响和作用已远超双边关系范畴，两国有责任、有义务为捍卫世界和平与安全付出更大努力，这是国际形势发展的客观要求，也是《条约》赋予两国的历史责任，标志着中俄在打破冷战思维、建立多极化世界的道路上迈出了坚实步伐。

二十载实践检验

20年来，两国关系在《条约》宗旨和原则的指引下取得前所未有的大发展，实现举世瞩目的新突破。

双方以《条约》为依据，形成了"四个相互坚定支持"的共识。两国相互坚定支持对方维护本国主权、安全、领土完整等核心利益的努力，坚定支持对方把自己的事情办好。双方建立起高度政治互信，构筑起牢固的战略支撑，把两国4300多千米的共同边界建设成了友谊和合作的牢固纽带。在此过程中，元首引领发挥了不可替代的重要作用。特别是2013年以来，习近平主席同普京总统像"走亲戚"一样常来常往，会晤32次，通过电话和信函交流逾百次。两国元首以实际行动体现了对彼此的坚定支持，筑就了牢不可破的中俄高水平战略互信。

双方按照《条约》确立的"利用并完善各级别的定期会晤机制"要求，不断充实和拓展双边高层交往机制，建立起元首年度互访、总理定期会晤、议会合作委员会、"两办"主任磋商、军技合作混委会、战略安全磋商、执法安全合作机制等全方位交往合作机制，及时就彼此关切的重大问题密切沟通、深入磋商，确保双边关系始终高水平运行。

双方遵照条约原则，视彼此为重要发展机遇，相互给力借力，实现共同繁荣。中俄互为主要经贸合作伙伴。中国已连续十年保持俄第一大贸易伙伴国地位。双方扎实推进战略性大项目，农业、科技、金融等领域合作蓬勃推进，"一带一路"建设与欧亚经济联盟对接深入推进。

双方按照《条约》关于"促进发展文化、教育、卫生、信息、旅游、体育和法制领域的交流与合作"的要求，广泛弘扬《条约》确立的和平理念，互办国家级主题年活动，促进双边人员往来，推动双方人文交流蓬勃发展、社会各界相识相知、世代友好代代相传。

双方遵循《条约》关于"遵守公认的国际法原则和准则"的内容，在联合国、上海合作组织、金砖国家等多边机制框架内发挥重要建设性作用，在国际和地区事务中密切协调配合，成为促进国际和平稳定的关键因素和建设性力量，为推动构建人类命运共同体做出了积极贡献。

当前，新冠肺炎疫情加速百年变局，国际政治、经济、安全格局深刻调整，国际秩序处于破立之交，世界进入动荡变革期。在此背景下，《条约》的示范效应和强大生命力凸显。2021年双方将以共同庆祝《条约》签署20周年为契机，坚定沿着《条约》确定的方向开拓进取，矢志不渝深化政治互信，深耕细作开展高质量合作，勇立潮头推进人类命运共同体和人类卫生健康共同体建设，在更高起点、更大范围、更深层次上推动两国关系再攀新高峰，同各国一道共创世界美好明天。

忆《中俄睦邻友好合作条约》的签署

周 力

中共中央对外联络部原副部长

全国政协委员

周 力

曾任中国驻俄罗斯使馆公使,中国外交部欧亚司司长,中国驻乌克兰、哈萨克斯坦特命全权大使,中共中央对外联络部副部长。现任中国人民争取和平与裁军协会副会长、全国政协委员。

2021年是《中俄睦邻友好合作条约》（以下简称《条约》）签署20周年，也是中俄建立战略协作伙伴关系25周年。无论从哪个意义上说，2021年都是中俄关系发展史上一个十分重要的年份，值得特别庆祝。2020年12月28日，习近平主席同普京总统通话时强调，《条约》确立的世代友好理念和新型国际关系原则是国际关系史上的一大创举，其强大生命力和示范效应在当前国际形势下将持续显现。双方要以庆祝《条约》签署20周年为契机，在更大范围、更宽领域、更深层次上推进双方合作。我曾经工作在推动中俄关系向前发展的第一线。2000年至2001年，我有幸参加了《条约》文本的起草、谈判、签署到最后生效的全过程，成为推动中俄关系发展的一名亲历者和见证人。

《签约》的基本考虑

中俄互为最大邻国，有4300多千米的共同边界线，是欧亚大陆重要的地缘政治力量。在多极化世界中，中俄是独立的两极。两国都有悠久的历史和灿烂的文化，是中华文明和俄罗斯文明的重要承载者。中俄又都是联合国安理会常任理事国，对世界和平与安全负有重大的责任。中俄两国保持长期睦邻友好，不断巩固和深化各领域互利合作，加强国际和地区事务上的战略协作，对两国加快国内现代化建设和维护世界和平与稳定都具有特别重要的意义。

总结20世纪中苏两国关系发展史，我们两个邻国有过成功，也有过失败，有过亲密结盟的关系，也出现过严重对抗的局面。这种现象相当长时间存在的原因，最根本的一条，就是没有做到主权国家之间应有的相互尊重和平等相待。

那么，怎样做到相互尊重和平等相待呢？显然，除了领导人的积极推动、社会各界的广泛响应和各个领域扎扎实实的合作之外，还需要有明确而有力的法律制度作为支撑与保障。这是中国进入21世纪、从长远考虑发展中俄国家关系的一个重要出发点。我们一要保证双边关系的发展能"长治久安"，不出任何大的颠覆性的问题；二要保障双边关系在各个领域（包括现实可见的和以后随形势发展出现的）都能稳扎稳打地、不间断地向前发展。为了达到这样的目标，给予两国关系以法律上长期、坚定和有力的支撑与保障，签署国家关系条约，应该是最好也是最可行的办法。

《条约》的起草与谈判进程

（一）《条约》起草

2000年7月到10月这三个多月的时间里，无论是中方还是俄方，都在内部加紧条约文本的起草工作。

中方在此期间的考虑是：条约文本一方面要以现存的政治文件为基础，全面反映1991年年底俄罗斯独立以来双方共同签署的文件精神；另一方面还要以向前看的姿态，胸怀世界，着眼未来，着重体现两国"世代友好"的理念，使条约成为推动中俄关系发展的"基石"。

很快，中方起草出了条约文本，并在内部广泛征求意见，报批后于2000年10月17日在工作级别上向俄方递交。这个文本，除前言外，共有16条。相对于后来形成的最终文本，还是有很大的距离。不过我们也可以回顾一下，不算一些技术性条款，这16条主要包括如下内容：

（1）关于国家关系的定位。强调双方作为友好、平等和主权国家，在互相尊重主权和领土完整、互不侵犯、互不干涉内政、平等互利、和平共处原则（即"和平共处五项原则"）的基础上，全面发展两国国家关系。

（2）阐述相互尊重的具体含义和内容。这首先是指相互尊重各自根据本国国情在社会制度、意识形态和发展模式等方面作出的选择。其次是两国在这些方面的差异，不应妨碍双边关系的发展。最后是双方还应恪守相互平等、相互考虑对方利益和不强加于人的原则等。

（3）更密切地发展国家关系，需要一些机制上的保障。为此提出建立和保持高层定期会晤机制的要求。双方可在这些机制内定期地、有组织有计划地就双边关系和重大国际问题，特别是涉及双方国家安全、周边地区稳定等问题交换意见、协调立场。

（4）国家统一问题。主要是阐述双方坚持"一个中国"立场，反对任何形式的"台湾独立"，重申西藏是中国不可分割的组成部分等。

（5）边界问题。中俄历史上存在的边界问题绝大部分已经解决，但还有个别边界问题尚待解决。因此专门用一个条款来阐述双方对此问题的态度，强调要"以有关目前边界的条约为基础，根据公认的国际法准则，本着平等协商、互谅互让的精神，继续谈判，以尽早彻底解决中俄尚未协商一致的个别地段边界问题，以使两国边境地区永久和平、稳定繁荣"。

（6）对各自掌控的核武器使用的态度。强调双方互不首先使用核武器和互不将战略核武器瞄准对方，加强"上海五国"在边境地区军事领域的信任。

（7）在应对非传统安全威胁方面，强调共同打击恐怖主义、分裂主义和极端主义"三股势力"，以及贩毒和非法移民。

（8）申明不参加任何针对对方的军事政治同盟，不同第三国缔结任何损害另一方国家主权和安全利益的条约或协定。

（9）反对任何违反国际法基本原则、用武力施压或以各种借口干涉主权国家内政的行为。

（10）维护联合国及安理会的权威作用。

（11）本着平等协商、互谅互让的精神，解决双边关系中一切历史遗留和可能出现的问题。

（12）推动政府、议会、地方、社会团体、民间人士开展多领域的交流与合作。

在递交工作文本的同时，中方还建议就条约谈判一事建立中俄副外长级磋商机制，中方团长为部长助理刘古昌。中方邀请俄罗斯副外长洛休科夫尽快来华举行第一轮副外长级磋商，就条约的原则内容交换意见，之后两国外交部副司级专家即可具体商谈。

俄方认真研究了中方起草的条约草案文本，认为这是一份内容不错的文件，为双方达成一致提供了很好的基础。现在应首先在工作层进行磋商，之后在副外长级别讨论更重要的问题。在江泽民主席访问俄罗斯之前，要安排外长级别的会谈，以解决工作层次解决不了的问题。为了完善中方草案文本，俄外交部的专家们在内部讨论时提出了下列具体建议：

（1）中方草案没有"战略协作伙伴关系"一词。应建议中方把这个词语写入条约的名称以及具体的段落之中。

（2）中方条约草案第一条把和平共处五项原则作为两国关系的基础。这些原则是中方1954年至1955年提出来的。现在世界形势发生了很大变化，对和平共处五项原则应做相应的修改与补充。

（3）应有一个专门条款，提出双方不使用武力或不进行武力威胁的原则（包括不使用经济压力的手段）。

（4）还要专门提出，一旦出现破坏世界和平与安全或是侵略行为的威胁，双方应举行磋商，探讨消除威胁的办法。

（5）应提出中俄条约不针对第三国。

（6）有必要阐明双方在一些主要领域都应遵循哪些合作原则，如经济、科技、文化、环保等领域。

（7）考虑到中俄关系长期发展的战略前景，应把条约的有效期从10年延长到20年。

（二）《条约》谈判

2000年12月27日，部长助理刘古昌赴莫斯科与副外长洛休科夫举行磋商，就商签条约交换意见。

关于《条约》的主导思想

刘古昌说，签署《条约》是中俄关系史上具有里程碑意义的大事。希望双方只争朝夕，通力合作，努力完成两国元首交给我们的这一光荣任务。两国领导人已经达成共识，就是要使中俄两国"世代友好、永不为敌"，永远做"好邻居、好朋友、好伙伴"。但这个条约不具结盟性质。"既不结盟，也不针对第三国"，是1994年9月3日两国元首签署的联合声明中对两国关系的准确定位。这两条应该作为《条约》的主导思想。

洛休科夫赞同刘古昌的看法。洛休科夫说，俄罗斯领导人非常重视同中国的关系，认为国际局势和地区形势的发展要求中俄两国团结在一起，共同应对世界的挑战。发展中俄关系绝不是权宜之计，而是俄罗斯的长远目标。俄方认为，在下一世纪，中俄应进一步巩固两国面向21世纪的战略协作伙伴关系。正是从这一点出发，俄方积极响应中国领导人提出的商签条约的倡议。俄方也认为，中俄签署条约的目的，不是要结盟，而是因为双方有共同的利益需要维护和保障。因此，双方有必要采取措施消除这样或那样的分歧，以免影响两国的战略协作。

关于《条约》的内容框架

刘古昌表示，《条约》应包括以下几项核心内容。一是阐明两国关系发展应遵循的一些基本原则；二是强调两国如何加强相互信任；三是表明双方在主权、领土完整问题上给予相互支持；四是指出双方要致力合作的主要领域；五是阐述双方在重大国际问题上的共同原则和立场；六是指出两国对边界问题的态度。

洛休科夫赞同刘古昌对条约内容框架的阐述，称中方的文本基础很好，俄外交部已经同国内相关部门进行过一轮协商和研究，即日便可向中方提交对案。中方还可再作修改，提出新的草案。此后两国专家即可开始就具体条款进行谈判。

关于商签《条约》的程序

刘古昌说，根据国际惯例，签署条约应经过四个重要程序：谈判、签署、批准和生效。洛休科夫同意上述四个程序。

磋商结束后，俄方向中方递交了工作文本（共38条）。双方确定了参与专家组谈判的组长和人员名单。

2001年3月20日至24日，双方专家组在北京举行了多轮长时间的会谈。鉴于《条约》的重要地位，所以大家都十分慎重。一些条款上的表述，尽管只有几句，但含义深刻，措辞须十分准确，不能事后再引发任何歧义。比如：

关于《条约》的名称

俄方强调条约名称应为《中俄睦邻友好与战略协作条约》。对此，双方各有各的理由。俄方认为战略协作在两国元首签署的政治文件中已经多次说过，而且双方现在开展的战略协作已经取得显著效果，未来进一步加深战略协作的前景十分广阔。因此，应在条约的标题中就体现出来。中方认为，中俄互为最大邻国，有4300多千米的共同边界线，因此实现睦邻友好是最根本也是最重要的，这也是开展战略协作的重要前提。中方强调条约标题应着重体现两国"世代友好、永不为敌"的主导思想,认为这具有更长远和更广泛的意义。经反复说理论证,俄方最终接受中方意见,将条约定名为《中俄睦邻友好合作条约》。同时,中方同意将"有关战略协作"的表述放入具体条款,并将其作为推动两国各领域合作的主要手段。

关于"和平共处五项原则"

这是中国对外政策的基本原则。中方坚持在《条约》第一条中开宗明义地将其完整列入,以作为本条约的总纲。俄方主张使用"在主权平等、相互尊重领土完整、边界不可侵犯、互不干涉内政……的基础上,发展平等信任、面向 21 世纪的战略协作伙伴关系"的措辞。中方强调"五不原则"是独立自主和平外交政策的立足之本,也是中国同俄罗斯发展长期友好合作关系的基石。双方最后同意在第一条中写入如下措辞:"缔约双方根据公认的国际法原则和准则,根据互相尊重主权和领土完整、互不侵犯、互不干涉内政、平等互利、和平共处的原则,长期全面地发展两国睦邻、友好、合作和平等信任的战略协作伙伴关系。"其中完整体现了"和平共处五项原则"。

双方专家组谈判结束后,即将协商好的文本各自上报。

3 月 28 日,中俄双方充分肯定专家组的工作,满意地指出条约文本的准备工作进入尾声。将向各自领导报告谈判结果,尽快完成各自国内报批手续,并通过外交渠道将结果通报对方。当天,刘古昌与洛休科夫在北京签署了会谈纪要,将组长级别初步商定的条约文本作为附件置于纪要之后。

4月29日,外长唐家璇应邀访俄并出席"上海五国"外长会晤。俄罗斯外长伊万诺夫在会谈中说,《中俄睦邻友好合作条约》是江泽民主席倡议签署的,现在条约文本准备工作已经基本完成,双方专家付出了大量劳动。今天我们就此签署一个议定书。对此我感到非常高兴。两人随后签署了议定书。

同日,普京总统会见了唐家璇。普京说,我期待着今年7月在莫斯科同江主席举行会晤,我和江主席将共同签署《中俄睦邻友好合作条约》。《条约》将为俄中关系的长期发展奠定更加坚实的法律基础。

2001年7月8日,中俄双方在北京就条约问题举行最后一轮磋商。双方确认,制定《中华人民共和国和俄罗斯联邦睦邻友好合作条约》文本的工作已经全部完成,经核对文本,内容无不同之处。刘古昌与洛休科夫就此签署了一份《磋商纪要》。

2001年7月16日,江泽民主席访问俄罗斯,受到普京总统的热烈欢迎。两国元首会谈时一致认为,即将签署的《中俄睦邻友好合作条约》,是中俄关系史上的一个重要里程碑。会谈后,在克里姆林宫弗拉基米尔大厅举行了隆重的签字仪式。金碧辉煌的大厅内,两侧插满了中俄两国国旗。中央一张镶嵌着金色花边的乳白色长条桌上,摆放着以中俄两种文字写成的文本，通红耀眼。在雄壮的军乐声中，江泽民主席和普京总统步入大厅，来自世界各国上百名记者翘首以待。签署条约后，两位元首的手紧紧握在一起。面对记者，江泽民主席和普京总统再次强调，两国人民永远做好邻居、好朋友、好伙伴的坚定意愿，在《中俄睦邻友好合作条约》中以法律的形式加以确定。《条约》摒弃了过去那种不是结盟就是对抗的冷战思维，而是以互信互利、平等合作为特征，体现了新时期的中俄新型国家关系。条约可以称为"世纪条约"。

江泽民主席还在莫斯科大学向俄罗斯社会各界知名人士发表了题为《共创中俄关系的美好未来》的重要演讲。在演讲中，江泽民主席提出了21世纪发展中俄关系的原则主张，即增进政治互信，巩固睦邻友好的基石；扩大互利合作，增强共同发展的动力；加强文明交流，增进中俄人民友谊；深化战略协作，共同致力于世界和平与发展。演讲受到俄罗斯社会各界的好评。

按照程序，两国元首签署条约后，即分别报两国立法机构批准。2001年10月27日，中国全国人大第九届常委会第24次会议全票通过，批准条约。2001年12月26日，俄罗斯国家杜马（议会下院）审议条约，到会的409名议员中（总共450名议员），407人投赞成票，1人弃权，1人反对。2002年1月16日，俄罗斯联邦会议（议会上院）开会审议条约。到会的148名议员中，147人赞成，1人弃权，无人反对。1月25日，俄罗斯完成了在本国的条约批准。

至此，两国立法机构分别完成了审批手续；两国元首分别签署了本国批准书。按照法律程序，双方应互换批准书并签署互换批准书的证书，条约才能正式生效。根据条约第24条规定，批准书将在北京互换。互换批准书并签署互换批准书证书的时间，即为条约正式生效的日期。

2002年2月28日下午，刘古昌与洛休科夫在北京外交部大楼举行仪式，互换江泽民主席和普京总统分别签署的《中俄睦邻友好合作条约》批准书，并签署互换批准书证书。条约由此正式生效。

这里还需要特别指出，《条约》的谈判进程从始至终，都在两国外交部领导的指挥和参与下进行。中方外长唐家璇、副外长张德广、部长助理刘古昌，俄方外长伊万诺夫、大使罗高寿、副外长洛休科夫等人，对《条约》从酝酿、策划、沟通到把握定位、提出指导意见、修改文本直至亲自参加会见会谈，付出了大量心血。

《条约》的商谈进程总体顺利、可控、有节奏，同时也出现过反复，并非轻而易举。在具体谈判过程中，双方专家有过长时间的激辩甚至争吵，也有握手与拥抱。在不放弃原则的条件下，相互照顾彼此关切和利益，这样的谈判就体现了双方相互尊重这一最基本的理念。谈判本身其实也是一个双方加深理解与信任的过程。

《条约》的意义

《中俄睦邻友好合作条约》的制定和签署，推动了中俄睦邻友好合作关系和战略协作伙伴关系的大发展。20年过去了，现在回过头来看，《条约》对推动中俄两国关系不断向前发展确确实实发挥了广泛而又积极的作用。中俄作为好邻居、好朋友、好伙伴，为各自国家的和平建设创造了良好的条件，为冷战后建立新型的国际关系提供了可资借鉴的范例，也为维护世界和平与稳定做出了重要贡献。

第一，《中俄睦邻友好合作条约》是中国和俄罗斯进入21世纪以来签署的第一个国家关系条约，开创了两国关系发展的新纪元。条约的主导思想，也可以说是条约的"灵魂"，是两国和两国人民"世代友好、永不为敌"。这是理解和把握条约的钥匙。条约把中俄双方永做"好邻居、好伙伴、好朋友"的良好意愿和坚定意志用法律的形式确定下来。条约的"基石"地位由此奠定。

第二，《条约》作为指导中俄关系长期健康稳定发展的纲领性文件，对中俄致力于发展长期睦邻友好与战略协作的国家关系的基本原则一一做出了规定。明确了哪些可以做，哪些不能做。《条约》是具体的，又是原则性的。《条约》生效至今已经进入第20个年头，无论就它的原则规定的适用性而言，还是从它对双边关系具体领域具体方面的指导作用来看，都依然闪烁着耀眼的光芒。条约具有划时代的意义。

第三，《条约》摒弃了冷战时期国家关系不是结盟就是对抗的旧思维和旧模式，为中俄关系确定了不结盟、不对抗、不针对第三国的性质，为国际社会树立了以互信求安全、以互利求合作的良好范例。《条约》通篇贯彻《联合国宪章》的宗旨和原则以及其他公认的国际法准则，为捍卫诸如国家主权、国家平等、不干涉内政等被历史一再证明行之有效的国际规则做出了重要贡献。

第四，在《条约》的指引下，中国和俄罗斯坚持走和平发展道路，坚持反对霸权主义和强权政治，倡导和支持多边主义、国际关系民主化，呼吁在相互尊重、公平正义、合作共赢的基础上建立新型国际关系，在国际上的地位不断提高，对全球与地区事务的影响日渐增强。中俄两国共同努力，适时将主要解决中苏边境地区军事领域信任与裁军问题的"上海五国"提升为上海合作组织，并逐步扩大成为拥有8个正式成员国、4个观察员国和6个对话伙伴国的永久性政府间国际组织。以"互信、互利、平等、协商、尊重多样文明、谋求联合发展"为基本内容的"上海精神"，团结和吸引着更多的国家参与到和平发展、互利合作的队伍中来。

第五，按照《条约》的主导思想，中俄双方平等相待，互谅互让，很快一劳永逸地解决了历史遗留的黑瞎子岛和阿巴该图洲渚两个地区的剩余边界问题，使长达4300多千米完整的共同边界从此成为和平与联结两国人民友好情谊的纽带。双方坚定支持对方在维护国家统一和领土完整问题上的政策和行动，携手打击"三股势力"，在国际事务中坚持推动国际关系的民主化，反对霸权主义和强权政治。在加强和深化双边各领域互利合作的进程中，双方相互照顾彼此利益和关切，进一步发展了友谊，增进了互信。

总之，我们可以说，中俄两国在充分吸取和总结历史经验与教训的基础上，根据世界局势和国际格局的发展变化，建立起了以互信为基础的完全平等、互利双赢的新型关系。实践证明，这种互信关系是长久的，经得起历史考验的。

2019年6月6日，习近平主席和普京总统在莫斯科签署并发表《联合声明》，宣布中国和俄罗斯将致力于发展中俄新时代全面战略协作伙伴关系，其内涵是"守望相助、深度融通、开拓创新、普惠共赢"。在国际形势发生深刻复杂变化、不确定不稳定因素不断增加的背景下，中俄加强战略协作，能够有效抵御打压分化两国的任何图谋，并为维护国际公平正义筑就坚固屏障。习近平主席还指出，"中俄关系具有强大内生动力和独立价值，不受国际风云变幻影响，不受任何其他因素干扰。中方愿同俄方坚定不移发展中俄新时代全面战略协作伙伴关系，实现各自国家发展振兴，为构建新型国际关系和人类命运共同体做出更大贡献"。

从中俄关系历史中汲取智慧

周晓沛

中俄友好、和平与发展委员会老朋友理事会中方主席

周晓沛

曾任中国外交部欧亚司司长，中国驻俄罗斯使馆公使，驻乌克兰、波兰、哈萨克斯坦特命全权大使。现任中国外交部外交政策咨询委员会委员，中俄友好、和平与发展委员会老朋友理事会中方主席，外交学院兼职教授。

当今世界经历着天翻地覆的大乱象、大变局，而以"结伴不结盟"为主要特征的中俄关系却稳如泰山，且历久弥坚，成为地区乃至全球和平稳定的不可替代的重要力量。究其深层缘由，除了两国领导人的坚定战略引领外，双方都从中俄关系曲折发展的漫长历史中总结汲取了智慧，庄重承诺并宣布从此"结束过去，开辟未来"，包括适时签订了具有里程碑意义的《中俄睦邻友好合作条约》。

2000年7月，俄罗斯新任总统普京首次访华，两国领导人重申，中俄建立平等信任、面向21世纪的战略协作伙伴关系符合两国人民的根本利益，并共同商定将签署以中俄"世代友好，永不为敌"为主导思想的两国睦邻友好合作条约。此后，中方向俄方提交了条约草案，经过互换工作文本和友好协商，双方很快就条约的主要内容达成一致。2001年7月江泽民访俄时，两国正式签署了为期20年的《中俄睦邻友好合作条约》。这个双边关系的重要条约，一般被称为"大条约"。

中俄"大条约"的历史背景

苏联是世界上最早承认并与新中国建交的国家。中俄关系70年走过不平凡的风雨历程。俗话说,"三十年河东,三十年河西"。从20世纪50年代起,中苏关系某种意义上正是按照这一逻辑在不断重复:十年友好结盟,十年关系恶化,十年对立为敌,十年缓和改善。完全可以说,中苏两大邻国关系充满了世界史上最为错综复杂的戏剧性变化。

众所周知,新中国成立初期,毛泽东访问苏联时双方签订过为期30年的《中苏友好同盟互助条约》。应该承认,这一条约是特定历史条件下的产物,基本符合当时国际形势的特征和两国各自的根本利益。该条约为打破帝国主义对新中国的封锁与围堵,维护和巩固国家的独立、主权、领土完整以及促进我国经济建设,曾发挥过积极作用。随着国际形势的发展和双方国内情况的变化,中苏两国关系经历了从友好结盟到关系恶化,以至兵戎相见、互为仇敌的跌宕起伏过程。这个条约最终未能保障两国关系正常发展,结果名存实亡。按照条约的规定,在1980年期满前一年,中方决定条约到期后不延长,同时建议就解决两国之间悬而未决的问题和改善两国关系举行谈判。苏方也予以认同。这一处理方式为后来两国关系转圜留下了余地。20

世纪80年代,由于国际形势变化及各自内外需要,中苏双方都调整了政策,致力于缓和紧张的双边关系。1982年3月24日勃列日涅夫前往靠近中苏边境的塔什干发表关于愿意改善苏中关系的讲话,中国外交部第二天即做出正面回应,紧接着派苏欧司司长秘密访问莫斯科传递信息,随后双方启动中苏关系正常化的政治磋商。这一连串的外交举动并非偶然巧合,却是双方幕后不谋而合的精心安排。政治磋商一开谈就是六年,双方围绕"三大障碍"问题针锋相对,相互扯皮,谁也说服不了谁,被称为"聋子对话"。不过,与昔日火药味十足的中苏边界谈判不同,此次磋商双方都心平气和,并未红脸吵架。1986年7月戈尔巴乔夫在符拉迪沃斯托克发表讲话,在消除障碍问题上做出松动,成了中苏关系回暖的一个转折点。双方本着平等协商、互谅互让的精神,开始相向而行,最终达成妥协。1989年5月,戈尔巴乔夫应邀访华与邓小平举行高级会晤,双方对历史上的恩恩怨怨做出明智的了断,正式宣布"结束过去,开辟未来",一举实现两国、两党关系正常化。

四十年的风风雨雨使我们双方都蒙受了沉重损失,也都吸取了深刻的教训和宝贵的经验。无论是结盟还是对抗,都是不成功的,中苏、中俄关系还是要以和平共处五项原则为基础,相互尊重,睦邻友好,结伴而不结盟。这样,两国之间就建立起了不同于20世纪50年代的那种结盟关系,更不同于六七十年代的那种敌对关系,而是不结盟、不对抗、不针对第三国的正常友好关系。中苏关系正常化后不久，东欧剧变，两极格局崩塌，国际形势和两国国内情况都发生了巨大变化。邓小平指示："不管苏联怎么变化，我们都要在和平共处五项原则的基础上从容地同它发展关系，包括政治关系，不搞意识形态争论。"这个方针总结了历史上"大论战"的教训，十分重要。在双方一致努力下，中苏高级会晤确定的两国关系基本原则不仅经受住了种种考验和冲击，而且成为建立新型中俄关系的坚实根基。

苏联解体后，双方顺利实现了从中苏关系到中俄关系的历史性转换，共同致力于发展超越意识形态的正常睦邻友好合作。从1992年双方重新承认"相互视为友好国家"，到1994年确认两国已具有"新型的建设性伙伴关系"，直至1996年宣布建立"战略协作伙伴关系"，两国平等信任、互利合作关系犹如芝麻开花节节高，不断上了新台阶。在这样的背景下，致力于经济改革、和平发展的中俄两国，都需要良好稳定的周边环境，都期望用法律形式固定来之不易的睦邻关系。可以说，日臻成熟的互信合作和互为最大邻国的地缘政治因素决定了双方必须确立长期健康稳定的条约关系。

从国际方面看，进入21世纪后，世界局势更加复杂多变，大国关系面临新的调整组合。在新形势下进一步密切战略协作，加强相互理解、相互支持，共同应对各种新挑战、新威胁，推动建立世界多极化格局和公正合理的国际新秩序、新体系，这也是中俄双方的共同战略诉求。正是上述几方面的原因，促成中俄双方做出政治决断，采取签订睦邻友好合作条约这一重大的战略举措。

"大条约"的核心内容及战略价值

在深入总结正反两方面历史经验教训的基础上，中俄双方以条约法律形式，全面概括了两国关系的主要原则、精神和成果。《中俄睦邻友好合作条约》共计25条，规定了两国今后在政治、经济、军事、科技、文化和国际事务中合作的原则和方向，强调中俄关系不具有结盟性质，不针对任何第三国。中俄关系的基本原则，即在互相尊重主权和领土完整、互不侵犯、互不干涉内政、平等互利、和平共处五项原则基础上，长期全面地发展两国睦邻、友好、合作和平等信任的战略协作伙伴关系。双方相互尊重对方根据本国的国情所选择的发展道路，加强政治、军事等各领域的相互信任与战略协作，在国家独立、主权和领土完整问题上相互支持，确保两国关系长期稳定发展。

关于中俄边界问题，双方满意地指出，相互没有领土要求，决心并积极致力于将两国边界建设成永久和平、世代友好的边界。缔约双方遵循领土和国界不可侵犯的国际法原则，严格遵守两国间的国界，并继续谈判解决剩余的边界问题，在尚未解决之前两国边界相关地段维持现状。关于经济合作，缔约双方将在互利的基础上，开展经贸、军技、科技、能源、运输、核能、金融、航天航空、信息技术及其他双方共同感兴趣领域的合作，促进两国边境和地方间经贸合作的发展，并根据本国法律为此创造必要的良好条件。关于军事合作，缔约双方根据现行的协定采取措施，加强边境地区军事领域的信任和相互裁减军事力量。双方不参加任何损害对方主权、安全和领土完整的联盟或集团，不允许第三国利用其领土损害另一方的主权、安全和领土完整。如出现缔约一方认为会威胁其安全利益的情况，双方应立即进行接触和磋商，消除所出现的威胁。关于国际领域的战略协作，缔约双方主张严格遵守公认的国际法原则和准则，规定在国与国关系中不使用武力或以武力相威胁，反对任何以武力施压或以种种借口干涉主权国家的行为，愿为加强国际和平、稳定、发展与合作进行积极努力。双方将大力促进加强两国周边地区的稳定，在打击恐怖主义、分裂主义和极端主义方面进行积极合作。双方共同致力于维护全球战略平衡与稳定，将加强在联合国的合作，确保安理会在维护国际和平与安全方面的主要责任。

"大条约"集中体现了两国在发展双边关系和国际事务中广泛合作的共同利益和目标，是 21 世纪中俄关系全面发展的纲领性文件。条约摒弃了冷战时期国家关系不是结盟就是对抗的旧思维和旧模式,确定了以互信求安全、互利求合作的新型国家关系模式,为当今国际形势下处理国与国之间关系树立了良好范例。我国舆论高度评价条约的"划时代意义",认为将两国人民"世代友好,永不为敌"的和平思想用法律形式确定下来,这是两国历史上的一个重要里程碑,标志着双方关系进入一个崭新阶段。俄罗斯国家杜马审议批准俄中条约时,出席会议的409名议员中有407人投了赞成票。杜马国际事务委员会表示,条约在议会中以如此高票获得通过,这是"绝无仅有的"。俄媒体积极评价条约的重要意义,指出,近20年来中国没有与其他国家签订过如此重要的条约,以法律形式固定与这个伟大邻国的关系,对俄来说极为重要。俄主管副外长撰文称,条约意义"远远超出双边关系范围",它已开始在国际社会中引起"建设性震动"。

美国国务院发言人指出,中俄双方签订的只是友好条约,而非结盟。中俄之间有很长的边界,两国和平相处十分重要。白宫发言人声称,中俄之间签约"不代表不利于美国利益"。法国媒体评价称,中俄条约不会使两国回到过去共产国际时代的关系,而是一种对双方极为适时的接近,以在国际舞台上占有分量,试图建立"世界平衡"。日本媒体则认为,条约填补了中俄关系的一个空白,这是指导相互关系发展的法律文件,其重要性不仅仅是巩固双边关系,还在于加强战略上的协调，对美进行牵制，因此具有"特殊意义"。

谱写新时代中俄关系新篇章

《中俄睦邻友好合作条约》签署20年来，中俄关系不仅没有任何反复，而且两国各方面的关系实现了前所未有的大发展，一直在高水平上运行，中俄在涉及各自核心利益问题上相互支持。正是根据这个条约的指导思想，双方很快着手解决极为棘手的黑瞎子岛归属争议问题，彻底消除了两国关系中历史遗留下来的一大隐患。

中俄边界争端是两国关系中最为复杂敏感的历史悬案，双方曾因此而发生边境流血冲突。根据条约中有关积极解决剩余边界问题的精神，双方在平等协商、互谅互让的基础上，经过多轮友好磋商会谈，本着利益均衡的原则最终敲定了平分剩余边界地段的方案，使这一长期困扰双方的难题得以妥善处理。2005年4月，中国全国人民代表大会常务委员会进行审议并表决，以绝对多数批准通过了关于中俄国界东段补充协定的议案。会议指出，协定的签署对保持中俄边境地区的稳定安宁，营造我国良好周边环境，维护战略机遇期具有重要意义。同年5月，俄罗斯国家杜马和俄罗斯联邦委员会先后以绝对多数表决结果，批准通过俄中国界东段补充协定。俄外长拉夫罗夫表示，协定的正式批准将为俄中最终解决边界问题画上句号，两国边界将首次彻底以法律形式固定下来。至此，历经近40年光阴，曲折艰辛的中苏、中俄边界谈判终于结束，这是一个双赢的结果。它不仅消除了两国关系中历史遗留下来的悬案隐患，曾几何时的"北方威胁"成了双方安全稳定的战略屏障，而且为国际社会和平解决边界争端树立了标杆。

中俄新时代全面战略协作伙伴关系超越一般的伙伴关系，中俄已成为真正相互信赖、相互支持的战略伙伴，尤其是两国在涉及各自核心利益问题上相互提供宝贵的支持。中俄关系已成为世界上最重要、最成熟的新型国家关系，双方都十分珍惜这一互利共赢的战略合作。如今，中俄战略协作伙伴关系处于历史最好水平。普京把俄中关系比喻为"一座大厦"，每年都在建筑新的楼层，而且"越建越高，越建越牢"。

自2013年以来，习近平主席同普京总统举行了30余次会晤，建立了密切的工作关系，结下了深厚的个人友谊。他们一起乘高铁、看冰球、摊煎饼、喝伏特加、游涅瓦河……一次次亲密互动、交流，不断写下中俄元首友好交往的佳话。2018年6月，习近平向普京授予"友谊勋章"，普京成为首位获得中国对外最高荣誉的外国领导人。习近平主席称普京为当前高水平中俄关系的"缔造者和推动者"，是他"最好的知心朋友"。2019年6月出席亚信杜尚别峰会期间，普京带着专门从莫斯科空运来的用中文写有"六六大顺"祝福的蛋糕和冰激凌，到习近平主席下榻的宾馆当面祝贺生日。2013年10月在印尼巴厘岛峰会时，习近平主席也曾专程去普京下榻处为他祝贺生日。中俄最高领导人之间的亲密关系是两国高水平关系的生动写照。

在两国领导人的战略引领下，中俄战略伙伴协同劈波斩浪，不断取得新成果，迎来新机遇。当然，中俄关系发展进程中也难免出现这样那样的问题，包括相互认知有差异、贸易结构失衡等。然而，患难见真情，在新冠肺炎疫情最艰难的时刻中俄双方相互同情、相互帮助，俄罗斯是第一个派遣防疫专家代表团来华的国家，中国是向俄罗斯提供抗疫物资支持最有力的国家。面对个别国家的恶意攻击与抹黑，双方彼此仗义执言，并肩反对将疫情政治化、污名化，为新时代中俄关系增添了战略内涵。

2019年，中俄间首座跨黑龙江界河公路大桥合龙，中俄东线天然气管道过境段全部贯通，汉语也首度成为俄罗斯统一国考的科目。2020年9月，中铁建国际中标莫斯科—喀山高速公路项目，这是中国公司首次签约俄罗斯国家级重点高速公路项目。现在，中国是俄罗斯最大的贸易伙伴，是俄第一大原油进口国、最大食品进口国。2018年双边贸易额突破1000亿美元大关，下一步则是奔向2000亿美元目标。要实现这些规划，思想观念需要创新，经济合作必须进入结构转型和战略升级的新阶段，着重进行战略性大项目合作，加快推动联合开发、制造、应用和投资、金融等领域合作，包括推进基础设施建设、能源、航空、航天、高新技术等领域务实合作，提升中俄利益交融水平。双方还需进一步加强民间人文友好及地方交流合作，夯实两国关系的社会民意基础。

当前，国际局势险象环生，各种不安全、不确定因素明显增多。美国公开将中俄定位为主要战略竞争对手，国际力量格局和国际体系正在发生深刻演变，大国关系也在进行重大调整。中国和俄罗斯互为最主要、最重要的战略伙伴，中俄新型大国关系稳步健康发展对双方都具有不可替代的战略价值，对维护国际公平正义、世界和平稳定也至关重要。在大乱局、大变局的新形势下，双方宜通过更紧密、更深层次的战略沟通，更好地联手应对全球性的新问题、新挑战，进一步加强政治互信，深化务实合作，谨防敌对势力挑拨离间，并注意照顾对方的利害关切和舒适度，给两国人民带来更多实实在在的好处，确保双方战略合作长期可持续发展。

携手传承世代友好和平理念

2006年秋，我刚从外交第一线退下来，时任俄罗斯总统特别代表兼上海合作组织国家协调员莫伊谢耶夫大使来北京出差。他专门打电话，约请当年在莫斯科一起工作过的老朋友到俄罗斯餐厅聚会。已经十年没见面了，老朋友们热烈拥抱，都非常激动，有说不完的话。莫伊谢耶夫大使倡议成立"老朋友俱乐部"，以后定期见面叙旧，在座的所有中方老大使都举双手赞同。从此，我们轮流坐庄，每年都要聚会几次，有时还到我们家里做客。

中俄两国的外交官，都是数十年来风雨同舟的老战友。从20世纪70年代的边界谈判，80年代的"电影渠道"（指双方在北京通过借放苏联故事影片进行定期接触）、两国关系正常化磋商、中苏高级会晤、中苏关系到中俄关系的历史性过渡，90年代的领导人访问以及"桑拿外交"（指通过在莫斯科使馆洗桑拿就某些敏感问题进行自由交谈），到21世纪倡议成立老朋友俱乐部，以及中俄老朋友理事会正式成立，并于2016年在钓鱼台国宾馆联合召开首届全会，中俄外交官相互间的真挚情谊和默契配合历久弥新。

中俄友好、和平与发展委员会老朋友理事会，由中俄双方各十多名资深外交官组成，俄方主席为杰尼索夫大使，理事会宗旨是传承世代友好理念，促进两国民间交流合作。我们不仅每年定期聚会畅谈友谊，而且继续以各种方式，包括建言献策、时评发声、著书立说，满腔热忱地为新时代中俄关系传递正能量。据不完全统计，近几年来，中方理事会成员每年参加各类有关俄罗斯和中俄关系研讨会、论坛、讲座及发表专著、接受采访等达 100 多人次。针对有人唱衰俄罗斯、纠缠历史旧账、离间中俄关系等别有用心的论调，我们依托中俄头条、人民网、《参考消息》，并尝试利用公众号、微信群、朋友圈等新媒体平台，以亲历亲见事实为依据，深入浅出讲述怎样看待独特的俄罗斯和中俄关系，如何从曲折发展的历史中汲取智慧和力量，以及中俄边界谈判始末真相，等等，进行正面解读引导及互动交流，取得较好的社会效应。

2019 年，为了庆祝中俄建交 70 周年这一伟大的历史性事件，中俄老朋友理事会决定编辑出版《世代友好——纪念中俄建交 70 周年文集》（中、俄文版）。该文集主题就确定为传承两国人民世代友好的珍贵理念，巩固中俄新时代全面战略协作伙伴关系。应邀参与《世代友好》文集写作的有中俄双方的外交官、专家、学者、记者、友人和青年代表。作者结合"冰与火"的亲身经历，生动讲述了那些不同年代重大事件的细节花絮，深情追忆了两国人民真诚友好的别样故事，不仅真实感人，富有可读性，而且对存史、资政、育人都具有参考价值。

《世代友好》首发式在俄罗斯驻华大使馆隆重举行。前国务委员戴秉国和杰尼索夫大使为新书揭幕。外交部副部长乐玉成在致辞中强调，中俄关系走过 70 年不平凡的发展历程，老一辈为发展两国关系付出了毕生努力，做出了巨大贡献。他们在书中对重大事件的回忆与讲述，让读者倍感亲切、获益匪浅，年青一代将接过老一辈手中的接力棒，让两国友谊代代相传，谱写新时代中俄关系新篇章。杰尼索夫在致辞中指出，俄中关系处于历史最好水平，两国建立的全面战略协作伙伴关系成为国家关系的典范。在俄中建交70周年之际，记录俄中友谊的《世代友好》文集出版发行，感谢俄中老一辈外交家为发展两国各领域关系做出的贡献，同时相信该书翔实的内容及其蕴含的智慧将会得到俄中民众的认可与喜爱。中俄头条、人民网、环球网等均在第一时间予以广泛报道。

"莫道桑榆晚，为霞尚满天。"虽不能说老当益壮，但依然老骥伏枥，各有所为，我们愿意继续为奋斗了一辈子的中俄睦邻友好关系的巩固发展做些力所能及的事情，继续做中俄人民友谊的传播者，推动两国社会各界相识相知，激励青年一代更加珍惜和维护来之不易的两国关系，更加积极地投入世代友好事业，为中俄关系发展添薪加柴。

作为中苏、中俄关系近半个世纪风云变迁的亲历者和见证者，我们坚信，下一个20年立足于"世代友好、永不为敌"的两大邻国关系发展前景将更加广阔光明！

中俄在国际事务中的战略共识

邢广程

中国社会科学院学部委员

中国社会科学院中国边疆研究所所长

邢广程

中国社会科学院学部委员，研究员，博士生导师。现任中国社会科学院中国边疆研究所所长，俄罗斯"普希金奖章"获得者，俄罗斯科学院远东分院"荣誉博士"。研究领域为俄罗斯和欧亚问题、中国边疆问题。

2001年7月16日，是一个十分特殊的日子，《中俄睦邻友好合作条约》（以下简称《条约》）诞生了。该条约既非常完美地展现了中俄睦邻友好的历史脉络，又充分阐释了中俄和平外交战略和外交政策的基本原则和本质。《条约》全面总结了中俄关系长期发展的历史经验，充分汲取了国际法的基本准则，已成为当代两国关系基础性和权威性的国际法律文件。2021年该条约将签署20周年，为全面总结20年来该条约所起的历史作用，中俄两国学术界认真严肃地讨论和研究这个问题是十分必要的。

正是在这个条约的引领下，中俄关系不断得到发展，从战略协作伙伴关系发展到新时代全面战略协作伙伴关系。中俄关系的稳步协调发展成为当代国家关系的典范。中俄关系涵盖中俄合作的各领域和各方面。其中，中俄作为联合国安理会两大常任理事国，在国际事务方面进行越来越深入的合作，达成了一系列战略共识。这是中俄关系非常重要的特点。这些战略共识，体现在中俄先后签署的一系列联合声明等重要文件中，如《中俄关于重大国际问题的联合声明》（2008）、《中俄关于当前国际形势和重大国际问题的联合声明》（2011）、《中俄关于加强全球战略稳定的联合声明》（2016）、《中俄关于当前世界形势和重大国际问题的联合声明》（2017）。2019年6月5日，两国签署《中俄关于发展新时代全面战略协作伙伴关系的联合声明》在"国际协作"部分详细阐述了两国对国际事务的23条建议和意见，阐述了中俄对当今国际问题的基本立场和观点，具有十分广泛的战略共识。

中俄在国际事务中的战略共识主要表现在四大方面，下面具体分析。

重视联合国在国际事务中的地位和作用

（一）在条约、一系列联合声明和有关协定中，中俄始终强调联合国的地位和作用

《中俄睦邻友好合作条约》第十三条明确规定，缔约双方将加强在联合国及其安理会和联合国专门机构的合作。联合国在维护世界和平、促进各国合作、推动共同发展中的作用不可替代。2008年，中俄元首在关于重大国际问题的联合声明中表示，双方支持联合国在国际事务中发挥主导作用。2011年，在《中俄关于当前国际形势和重大国际问题的联合声明》中表示，双方支持联合国在国际事务、维护和平、促进发展和多边合作中发挥中心协调作用。2015年，《中俄第十一轮战略安全磋商关于第二次世界大

战胜利及联合国成立70周年的联合声明》表示，联合国是世界反法西斯战争胜利的成果，它承载着各国人民对和平与发展的殷切期望，是最具普遍性、代表性和权威性的国际组织。70年来，联合国在和平与安全、发展、人权三大关键领域发挥了不可替代的作用。进一步全面增强联合国权威和地位仍然是国际社会的重要任务。2016年，在《中俄关于促进国际法的声明》里，中俄呼吁国际社会共同维护以联合国为核心的国际体系和以国际法为基础的国际秩序。2017年，在《中俄关于当前世界形势和重大国际问题的联合声明》中两国表示，联合国作为最具普遍性、代表性和权威性的政府间国际组织，应继续在全球治理中发挥核心作用，履行维护世界和平、促进共同发展、推动国际合作的职责。同时强调，这一作用只能强化，不能削弱。2019年，在《中俄关于加强当代全球战略稳定的联合声明》中两国提出，军备控制是加强国际安全与稳定的重要手段，联合国及其多边裁军机制应在军控进程中发挥核心作用。2020年9月，中俄外交部部长在联合声明中呼吁国际社会共同维护以联合国为核心的国际体系和以国际法为基础的国际秩序。

上述情况说明，中俄在联合国问题上采取一贯的政治立场，一直维护以联合国为核心的国际秩序，反对任何降低和损害联合国地位、削弱联合国影响的行为，抵制任何绕开联合国实行单边主义的政治行为。中俄维护联合国地位和影响的行为促进了国际秩序的稳定和世界的安全、和平与发展。

（二）中俄在联合国问题上的主要战略共识

从条约和相关联合声明、协定中，我们可以归纳出中俄在联合国问题上的主要战略共识，具体体现在如下几方面。

第一，努力增强联合国作为由主权国家组成的最具权威性和最具普遍性的国际组织在处理国际事务，尤其是在和平与发展领域的中心作用。

第二，确保联合国安理会在维护国际和平与安全领域的主要责任。

第三，加强联合国安理会的代表性并保持其有效性，将在安理会改革问题上加强协作。

第四，赞同联合国进行必要、合理的改革，加强其权威，提高其效率，以增强应对新威胁、新挑战的能力。改革应本着循序渐进、协商一致的原则。支持现有的政府间谈判机制，就联合国安理会改革问题开展公开平等的讨论，致力于在联合国成员国中达成最广泛一致的"一揽子"解决方案。有关改革问题的讨论不应人为设定时间限制，应讨论所有提出的改革方案。双方认为，采取"分步走"方式，仓促推动安理会改革方案不利于达成共识。安理会改革应优先增强发展中国家的代表性和发言权，使广大中小国家有更多机会轮流进入安理会并参与决策。

第五，俄方倡议召开安理会常任理事国领导人峰会，中方积极支持。

第六，2020年9月，习近平主席在第七十五届联合国大会一般性辩论上的讲话中宣布，中国将继续做世界和平的建设者、全球发展的贡献者、国际秩序的维护者。为支持联合国在国际事务中发挥核心作用，中国将向联合国新冠肺炎疫情全球人道主义应对计划再提供5000万美元的支持；中国将设立规模为5000万美元的第三期中国—联合国粮农组织南南合作信托基金；中国—联合国和平与发展基金将在2025年到期后延期5年；中国将设立联合国全球地理信息知识与创新中心和可持续发展大数据国际研究中心，为落实《联合国2030年可持续发展议程》提供新助力。

第七，中俄双方将继续在发展和维护人权领域开展合作，推动联合国人权机制平等对待各类人权，在发展中国家重视的实现经社文权利和发展权方面加大投入。

第八，强调综合施策，推动建立以联合国为中心的全球反恐统一战线。

（三）中俄维护联合国地位和作用的意图

中俄之所以着力维护联合国地位和作用，是由两国各自的国家利益所决定的。在中俄看来，联合国是由主权国家组成的，是最具权威性和最具普遍性美誉的国际组织，也是国际社会深刻吸取第二次世界大战的教训、维护世界和平与发展的最重要的国际组织。因此，任何削弱联合国地位和影响的行为，都是破坏现有国际秩序和威胁世界和平与发展的危险行为，都不符合中俄两国的国家利益。

1945年第二次世界反法西斯战争胜利后，反法西斯盟国确立了维护战后世界和平和稳定的规则体系，这些规则体系具有成员国必须遵守的要素，也包含在国际事务上主要参与国之间均衡分配力量的重要方面。联合国体系维护了世界秩序，也给世界带来了几十年的和平与发展。这是联合国了不起的功绩。维护联合国的地位和作用完全符合中俄对国际事务的基本理念，符合中俄有关多边主义和全球治理的理念。在中俄看来，以联合国为核心的国际秩序需要推进世界多边主义。联合国是协调国际关系的全球性的且权威性最高的国际组织，在国际社会中发挥独特的、无法替代的重要作用，是当今国际关系中最高程度的国际合作平台。所以中俄将维护国际关系秩序稳定的关注点放到联合国身上。

主张多边主义，反对单边主义

当今国际格局正处于调整时期，世界已经进入动荡变革期。国际社会积累了一系列矛盾和问题，全球治理体系也受到极大挑战，需要进行改革和完善。2020年疫情在全球蔓延，不仅是对各国应对危机能力的考验，也是对全球治理体系的一次考验和检验。

如何改革全球治理体系？2020年11月，习近平主席在上海合作组织成员国元首理事会第二十次会议上的讲话中表示，国际社会正在经历多边和单边、开放与封闭、合作和对抗的重大考验，提出了"世界怎么了，我们怎么办"的时代之问。习近平主席还表示，国家之间有分歧是正常的，应该通过对话协商妥善化解。国家之间可以有竞争，但必须是积极和良性的，要守住道德底线和国际规范。大国更应该有大国的样子，要提供更多的全球公共产品，承担大国责任，展现大国担当。

中俄坚持走多边主义道路，反对单边主义，反对霸凌政治，维护以联合国为核心的国际体系。中俄不断推动全球治理改革和完善进程，并在推进此进程中遵守共商共建共享原则，特别强调世界各国在处理国际事务中应享有的权利平等、机会平等、规则平等基本准则。中俄还十分重视全球治理体系现代化问题，双方都认为，当前全球治理体系还不能适应人类发展的客观需要，应该对全球治理体系加以改革和完善，目的是使其符合世界政治经济的发展趋势，适应世界不断变化的状态，以便能够更加有效地应对全球性各类现实挑战，为世界的和平、稳定和发展提供更多和更有效的国际公共产品，提高全球治理能力。

然而，当今世界中，某些国家竭力推行单边主义，在国际事务的处理中经常挥舞霸凌主义的大棒，搅得世界很不安宁。这些霸凌主义的做法在很大程度上损害了全球治理体系的有效性，大大降低了全球治理能力，降低了全球治理的公正性。2020年的《中俄外交部长联合声明》表示，中俄双方"坚决反对单边主义和保护主义，反对强权政治和霸凌行径，反对没有国际法依据的单边制裁和'长臂管辖'"。

中国始终强调在国际事务中实行多边主义。在2020年上海合作组织成员国元首理事会上，习近平主席表示，睦邻友好必将超越以邻为壑，互利合作必将取代零和博弈，多边主义必将战胜单边主义。2020年11月17日，习近平主席出席金砖国家领导人第十二次会晤并发表题为《守望相助共克疫情 携手同心推进合作》的重要讲话。"我们要坚持多边主义，维护世界和平稳定。历史昭示我们，恪守多边主义，追求公平正义，战乱冲突可以避免；搞单边主义、强权政治，纷争对抗将愈演愈烈。如果无视规则和法治，继续大搞单边霸凌、'退群毁约'，不仅违背世界人民普遍愿望，也是对各国正当权利和尊严的践踏。"习近平主席还表示："要倡导共同、综合、合作、可持续的安全观，通过协商和谈判化解分歧，反对干涉内政，反对单边制裁和'长臂管辖'，共同营造和平稳定的发展环境。""我们要推动以团结取代分歧，以理性消除偏见，扫除'政治病毒'，凝聚起各国携手抗疫的最大合力。"

俄罗斯也主张多边主义，反对单边主义和单极世界。

普京总统在 2007 年慕尼黑安全会议上明确反对单极世界的思想。"何为单极世界？无论怎样美化这一术语，在实际中它始终还是意味着：这是一个权力中心、一个力量中心、一个决策中心。这是一个主宰者的世界，是一个握有无上权力者的世界。最终，这不仅对处于这一体系框架内的所有人有害，而且对权力者本人也无益，因为他将从内部被毁灭。"普京还强调，"我认为，单极模式对当前世界来说不仅难以接受，而且完全不可能。这不仅仅是因为在当代世界，既没有足够的军事政治资源，也没有足够的经济资源来统揽领导权力，更重要的是，这种模式本身毫无用处，因为它不具备，也不可能具备当代文明的精神道德基础。今天世界上所发生的一切恰恰是企图把这一构想——单极世界构想贯彻到国际事务中的后果"。"毋庸置疑，世界新的发展中心的经济潜力将不可避免地转化为政治影响力，并将加强多极化趋势。正因此，多边外交的作用将会大大加强。政治公开性、透明度和可预测性是无可替代的。"

中俄在主张多边主义的同时，更积极参与国际事务中的多边机构和国际组织活动。除全力支持联合国工作外，中俄还积极参与二十国集团峰会、亚太经合组织峰会和亚欧会议；积极推动上海合作组织、金砖国家机制各项活动；积极倡导中俄印和中俄蒙三边合作机制的发展。比如在最近召开的上海合作组织成员国元首理事会和金砖国家领导人会晤上，中俄都对上述区域性国家组织的进一步发展和壮大提出了很好的建议和意见。习近平主席认为，上海合作组织今后的发展要以构建健康卫生共同体、安全共同体、经济合作和人文共同体为方向，构建上海合作组织命运共同体。

维护全球战略稳定

（一）对国际安全形势的危险性感到十分忧虑

2016年中俄元首在《中俄关于加强全球战略稳定的联合声明》中，对全球战略形势做出了判断，认为"影响全球战略稳定的消极因素正在世界各地增加"并对此"感到担忧"。2019年6月5日，中俄在《中俄关于加强当代全球战略稳定的联合声明》中批评"个别国家""按照自身需要破坏或改变现行军控和防止大规模杀伤性武器扩散体系"，为谋求军事领域战略优势，意图实现"绝对安全"，这些行为"十分危险"，中俄对此"感到忧虑"。

第一，"这一趋势的危险性首先在于，个别国家和军事—政治同盟谋求在军事和军技领域获得决定性优势，以便在国际事务中毫无阻碍地通过使用或威胁使用武力来实现自身利益。他们公然无视各国安全不受减损的安全基本原则，企图以牺牲他国安全换取自身安全"。

第二，反导领域的问题"尤其令人担忧"。域外力量在欧洲部署"岸基宙斯盾系统",在亚太地区和东北亚部署"萨德"系统。

第三,某些国家研制的"全球即时打击系统"等远程精确打击武器,可能会严重破坏战略平衡与稳定,引发新一轮军备竞赛。

第四,"外空武器化和将外空变为军事对抗区域的威胁正在上升。这一趋势的发展将破坏战略稳定,进而威胁国际安全"。

第五,"非国家行为体为实施恐怖活动和暴力极端活动获取化学和生物武器的危险性不断上升,令人高度关切"。

上述声明表明,中俄对美国及其盟国所做出的一系列影响全球战略稳定的危险行为进行了政治预警和外交预警,向全世界发出了预警信号,也警告当事国不能再继续推行其冒险行动,否则会给全球战略稳定带来实质性的损害和威胁。

(二)全球战略平衡与稳定遭到破坏的根源

2016年,中俄元首在《中俄关于加强全球战略稳定的联合声明》中指出,"一些谋求获得军事优势地位的国家和联盟顽固拒绝讨论削减和限制保障其拥有决定性军事优势的武器,这正是全球战略平衡与稳定遭到破坏的重要根源"。

美国在反导领域的举措与导弹扩散领域面临的实际问题没有直接关联,其行为实际上不仅损害了域内国家的战略安全利益,而且也威胁到了中俄的国家战略安全利益。

(三) 全球战略稳定遭到破坏的后果

美国的政策导致军力增长失控，动摇了全球战略稳定体系，与在有效国际监督下实现普遍、全面裁军的理念背道而驰。中俄认为"个别国家'试图'获得不受限制的向对手进行军事政治施压的能力"，正肆意破坏稳定维护机制，其目的是出于自身地缘政治甚至商业利益考虑。所以，中俄呼吁维持良好大国关系对解决全球战略性问题有着极大的重要性。

中俄认为，单方面发展并在世界各地部署战略反导系统，对国际和地区战略平衡与安全稳定带来极大的消极影响，也破坏了制定和通过多边政治—外交手段应对导弹及导弹技术扩散的基础。

2001年，美国宣布退出《苏美关于限制反弹道导弹系统条约》《反导条约》，以便加强其全球反导系统建设，从而破坏了在过去30年里该条约作为维护战略稳定体系的基础。美国战略反导系统的发展以及在全球不同地区和外空部署的计划已经对国际和地区战略平衡、安全稳定造成了严重的消极影响。

美国决定退出《苏美关于消除中程和中短程导弹条约》(《中导条约》)在很大程度上破坏了全球战略稳定，加剧了全球和地区的紧张和不信任，使核导领域的不确定性剧增，并引发军备竞赛加剧，导致世界多个地区冲突发生的风险上升。

美国破坏《中导条约》体系对《俄美关于进一步削减

和限制进攻性战略武器措施的条约》造成不利影响，这将导致俄美数十年来首次面临现有安全合作机制被完全破坏的现实风险，为多边核裁军制造障碍，给世界局势和国际安全带来巨大挑战。

（四）维护全球战略稳定的主要措施

第一，中俄强调维持良好大国关系对解决全球战略性问题的重要性，明确表示核武器国家对国际安全和全球战略稳定负有重要责任。

第二，核武器国家应摒弃冷战思维与零和博弈，停止毫无限制地发展全球反导系统，减少核武器在国家安全政策中的作用，切实降低核战争威胁。核武器国家应通过对话磋商解决彼此关切，增进互信水平，巩固共同安全，特别要避免战略误解和误判。

第三，2014年6月10日中俄将《防止在外空放置武器、对外空物体使用或威胁使用武力条约》草案提交日内瓦裁军谈判会议，从而启动谈判进程，制定确保外空非武器化的具有法律约束力的国际协定，推动关于"不首先在外空部署武器"的国际倡议和政治义务。中俄"对外空军备竞赛及外空演变为军事冲突疆域的现实前景威胁战略稳定"表示"严重关切"，呼吁禁止在外空放置任何类型武器防止国际和平与安全受到严重威胁，国际社会应共同努力完善相关法律体系。

第四，应遵循1978年联合国大会第一次裁军特别会议签署的最终文件所确定的基本原则和军备控制，因为这是加强国际安全与稳定的重要手段。裁军和军备控制应当是公正和平衡的，应有利于巩固每个国家的安全。

第五，"战略稳定"不能被视为核武器领域的纯军事概念，这不能反映当代战略问题所具有的广度和多面性，应从更宽、更广的视角，将战略稳定看作国际关系的状态。

第六，中俄主张维护《不扩散核武器条约》（NPT），该条约是当今国际安全体系的基础之一，是一份独特的国际条约，实现了不扩散核武器、核裁军与和平利用核能领域平等合作的和谐统一。双方主张强化核不扩散体系，积极推进 NPT 核裁军、核不扩散与和平利用核能三大支柱。有关国家应摒弃核共享政策，使所有部署在核武器国家境外的核武器返回其本土。

此外，中俄还明确表示支持《禁止细菌（生物）及毒素武器以及销毁这类武器的公约》（《禁止生物武器公约》）、《关于禁止发展、生产、储存和使用化学武器及销毁此种武器的公约》（《禁止化学武器公约》）等。

反对干涉别国内政、反对歪曲历史

（一）干涉他国内政不得人心

美国和一些西方国家一直频频挥舞"人权""民主"

大棒干涉他国内政，挑拨是非。中俄反对美国等国家以"人权"等为借口干涉他国内政。《中俄睦邻友好合作条约》第十一条明确规定，"缔约双方主张严格遵守公认的国际法原则和准则，反对任何以武力施压或以种种借口干涉主权国家内政的行为，愿为加强国际和平、稳定、发展与合作进行积极努力"。中俄捍卫《联合国宪章》的宗旨和原则，维护联合国所倡导的主权平等和不干涉内政原则。2017年，两国在《中俄关于当前世界形势和重大国际问题的联合声明》中表示，双方主张主权平等、不得使用或威胁使用武力、不干涉他国对内与对外事务、和平解决争端等对国际关系稳定至关重要的原则。在2020年《中俄外交部长联合声明》中，双方明确表示，反对将国际人权议程政治化，反对以人权为借口干涉主权国家内政。

中俄在反对干涉别国内政方面有以下几点共识。

第一，尊重各国历史传承和文化传统，尊重文化差异和文明多样性，尊重各国人民自主选择未来的权利，尊重各国主权，尊重各国自主选择的人权发展道路，平等重视公民政治权利和经济、社会、文化权利及发展权。

第二，推动不同文明协作，共同繁荣和进步，推动不同文化之间的交流互鉴，让世界多样化成为人类社会发展进步的动力。

第三，反对通过非法外部干预对任何国家实施政权更迭，反对违背国际法在域外适用国内法，捍卫和促进国际法。

第四，推动国际社会促进和保护人权，鼓励开展人权领域的建设性对话，反对将人权政治化，反对以人权为借口干涉他国内政。

第五，主张打击恐怖主义、极端主义，反对在反恐问题上采取"双重标准"，反对将恐怖主义、极端主义与特定国家、宗教、民族、文明挂钩。

第六，强调促进国际法。2016年中俄两国在《中俄关于促进国际法的声明》中专门阐述了这个问题，足见两国对此问题的重视程度。中俄在促进国际法方面主要强调以下内容："主权平等原则对国际关系的稳定至关重要"，各国在独立、平等的基础上享有权利，并在相互尊重的基础上承担义务和责任；各国享有平等地参与制定、解释和适用国际法的权利，并有义务善意履行和统一适用国际法；支持不干涉他国对内与对外事务的原则，谴责违反该原则的以强行改变他国合法政府为目标的任何干预他国内政的行为；谴责与国际法不符、将一国国内法进行域外适用的做法；反对采取双重标准或某些国家将其意志强加于其他国家的做法；反对采取与国际法不符的单边强制措施，即单边制裁；某些国家在联合国安理会采取的措施之外另行实施单边强制措施，将妨碍安理会所采取措施的目的和宗旨，削弱这些措施的完整性和有效性。

(二) 反对歪曲历史

近些年来，美国等西方国家歪曲第二次世界大战历史，丑化和贬低中俄在第二次世界大战中的作用和地位。事实上，在第二次世界大战中全世界军队和民众伤亡超过1亿人，其中中国伤亡人数超过3500万，苏联死亡人数超过2700万。这是一场巨大的历史悲剧。中国人民的抗日战争是世界反法西斯战争的重要组成部分。2015年，习近平主席在纪念中国人民抗日战争暨世界反法西斯战争胜利70周年大会上的讲话中表示，"中国人民抗日战争和世界反法西斯战争，是正义和邪恶、光明和黑暗、进步和反动的大决战。在那场惨烈的战争中，中国人民抗日战争开始时间最早、持续时间最长"。经过艰苦卓绝的斗争，中国人民彻底打败了日本军国主义侵略者，完成了中华民族的壮举。在抗日战争中，中国人民支撑起了世界反法西斯战争的东方主战场，付出了巨大的牺牲，为世界反法西斯战争的胜利做出了极其重大的贡献。中国人民抗日战争的胜利，是1840年鸦片战争以来中国抵抗外敌入侵的第一次完全胜利，重新确立了中国在国际上的大国地位，开辟了中华民族伟大复兴的庄严新征程。

2019年9月，欧洲议会通过《欧洲铭记历史对欧洲未来的重要性》决议，将苏联与纳粹德国相并列，并呼吁在整个欧洲拆除苏联的战争纪念碑。2020年6月18日，普京总统在美国的《国家利益》杂志发表《第二次世界大战75周年的真正教训》一文。他说："历史修正主义——我们现在在西方看到的表现形式主要是关于第二次世界大战主题及其结果的,是危险的。"

2015年,《中俄第十一轮战略安全磋商关于第二次世界大战胜利及联合国成立70周年的联合声明》表示,"世界某些势力不断企图否认历史、篡改二战胜利成果,歪曲纽伦堡、远东国际军事法庭判决结果,必须对此予以坚决反对"。"中国和俄罗斯将以二战胜利和联合国成立70周年为契机,恪守《联合国宪章》宗旨和原则,共同倡导国际社会构建以合作共赢为核心的新型国际关系。"

2020年,《中俄外交部长联合声明》表示,"中国和苏联作为抗击法西斯主义和军国主义的主战场,是抗击侵略者的中坚力量,为阻击歼灭侵略者付出了巨大的民族牺牲,展现出无与伦比的大无畏气概和爱国主义精神"。"中俄在二战中结下坚强的同志般友谊为两国新时代全面战略协作伙伴关系发展提供了强大动力。维护二战历史真相是全人类的神圣使命。中俄将共同反对歪曲历史、美化纳粹分子和军国主义分子及其帮凶、抹黑胜利者的企图。我们两国决不容许篡改《联合国宪章》及其他国际文件中所载入的二战结果。"

发展经贸合作是夯实中俄关系的重要因素

陆南泉

中国社会科学院荣誉学部委员

陆南泉

中国社会科学院荣誉学部委员，研究员，博士生导师。曾任中国社会科学院俄罗斯东欧中亚研究所俄罗斯经济研究室主任。现任中国社会科学院俄罗斯研究中心副主任。研究领域为俄罗斯经济与体制改革问题。

发展经贸合作是夯实中俄关系的重要因素

2001年7月16日，江泽民主席与普京总统签订了《中华人民共和国和俄罗斯联邦睦邻友好合作条约》（以下简称《条约》）。遵循《条约》的基本原则和精神，中俄关系水平不断提高。

在当今世界正经历百年未有之大变局，国际环境日渐复杂，不稳定性、不确定性明显增加与美国不断强化打压、遏制中俄两国的大背景下，如何巩固和发展业已建立起来的中俄关系，是两国领导人和学者十分关注的重大问题。

苏联解体后，中国与作为苏联继承国的俄罗斯，不论是政治关系还是经贸关系，一直在不断地发展并向更高层次迈进。20世纪90年代叶利钦执政时期，中俄关系从"互视为友好国家"上升到建立"平等与信任的、面向21世纪的战略协作伙伴关系"。在此期间，中俄双方遵循战略协作伙伴关系的原则与精神，在各个领域的合作都取得了重大进展：实现了两国最高层交往的制度化、机制化；解决了大部分历史遗留下来的边界问题；在边境地区建立信任措施与实行裁军；联合打击国际恐怖主义、民族分裂主义与宗教极端主义三股势力；加强国际事务中的协调；扩大经贸合作等。这些都有利于政治互信的增强。在此基础上，

2001 年两国签订了这一十分重要的《条约》。在同日发表的《中俄元首莫斯科联合声明》中，两国元首谈到该条约的意义时指出：它"是两国关系史上的一个重要里程碑，标志着双方关系进入一个新阶段。条约作为指导新世纪中俄关系的纲领性文件，在总结历史经验的基础上，概括了中俄关系的主要原则、精神和成果，将两国和两国人民'世代友好、永不为敌'的和平思想用法律形式确立下来"。《条约》签订 20 年来，中俄两国政治关系不断向前推进，2019 年 6 月习近平主席访问俄罗斯期间，发表了《中俄关于发展新时代全面战略协作伙伴关系的联合声明》（以下简称《声明》），把两国关系提升为"中俄新时代全面战略协作伙伴关系"。在这期间两国的经贸合作也取得了很大的发展。

加强经贸合作对发展中俄关系的重要意义

中俄双方都认为，当今的两国关系处于历史上最好的时期。两国关系之所以能顺利发展，地缘政治与安全因素无疑有着重要的作用，双方在处理国际关系中的一些重大问题上进行协调，反映了两国之间存在长期的共同战略依托。但在世界经济全球化的大趋势下，在国与国之间经济联系日益紧密、各国之间的经济利益不可分割的条件下，互为最大邻国的中俄两国，如何使良好的政治关系推动经贸关系进一步发展，使其符合两国政治关系的水平与发展新时代中俄关系的要求，并以此不断提高两国之间经济利益的依存度，这具有十分重要的意义。

正如2012年4月26日至30日李克强访俄谈到中俄经贸合作重要性时指出的："经贸合作是中俄战略协作伙伴关系的重要基石，是支撑中俄关系向前发展的重要动力。"普京强调："全力发展经贸联系具有特别重要的意义，俄中两国的总的状况在很大程度上取决于这种关系的水平与质量。"2008年2月14日，普京总统在第七次大型记者招待会上指出："中国人民和领导人珍视俄中关系，我们非常赞赏这一点……我们在贸易、投资、高新技术、航天、国防和军工领域都有庞大的合作计划。中国是我们在军事技术领域最大的合作伙伴……中国是与我们开展高度互信合作的为数不多的国家之一，这种互信合作立足长远……我们将保持两国间的这种高度互信，不断谋求达到新的合作水平，首先是在经济领域。"

提升与加强两国经贸合作关系，一直是两国政府领导人会晤时重要的会谈课题。中俄2001年签订的《条约》第16条指出："缔约双方将在互利的基础上开展经贸、军技、科技、能源、运输、核能、金融、航天航空、信息技术及其它双方共同感兴趣领域的合作，促进两国边境和地方间经贸合作的发展，并根据本国法律为此创造必要的良好条件。"与签订该《条约》同日发表的《中俄元首莫斯科联合声明》中指出:"切实落实在经贸、科技及其它领域达成的协议,将不断充实中俄平等信任的战略协作伙伴关系的物质基础。"2019年发表的《声明》中,强调两国要加强务实合作,要求双方拓宽思路,创新模式,推动两国务实合作全面提质升级,实现利益深度交融、互利共赢。为此提出了17个领域(详见《声明》有关"务实合作"的部分)的发展两国经贸合作内容,目的是为夯实新时代关系奠定坚实的物质基础。

两国经贸合作水平不断提高

《条约》签订20年来,中俄两国经贸合作水平不断提升,除2009年与2015年这两年贸易额与上年相比出现下降的情况外,其他各年都是增长的(详见表1)。

表1　　　　　　　　2001—2020年中俄贸易情况

（金额单位：亿美元；增减速度：%）

年份	进出口	出口	进口	进出口与上年相比增减（%）
2001	106.7	27.1	79.6	33.0
2002	119.3	35.2	84.1	11.8
2003	157.6	60.3	97.3	32.1
2004	212.3	91.0	21.3	34.7

续表

年份	进出口	出口	进口	进出口与上年相比增减（%）
2005	291.0	132.0	159.0	37.1
2006	333.9	158.3	175.6	14.7
2007	481.7	321.0	161.0	44.3
2008	568.3	330.1	238.3	18.0
2009	387.9	175.1	212.8	−10.7
2010	554.5	296.1	258.4	21.7
2011	792.5	389.0	403.5	55.6
2012	881.6	440.6	441.0	9.9
2013	892.1	495.9	396.2	1.1
2014	952.8	536.8	416	6.8
2015	680.7	348.1	332.6	−28.6
2016	692.3	373.0	322.3	2.2
2017	840.7	428.8	411.9	20.8
2018	1070.6	560.7	522.2	27.1
2019	1107.6	497.1	610.5	3.4
2020[①]	788.0	401.4	386.6	0.2

说明：①为1—9月的数字。

资料来源：根据中国海关历年资料整理。

从 2000 年起，中俄贸易呈稳定与快速增长的态势。中国在俄罗斯外贸中的地位，从 2010 年起已上升为第一位，至今一直得以保持。早在 2014 年 5 月，两国政府发表的联合声明就表示要努力推动双边贸易，争取在 2015 年前达到 1000 亿美元。但由于俄罗斯受西方制裁和国际市场石油价格下跌等原因，一直没有实现。2015 年双边贸易额为 680.7 亿美元，2016 年为 692.25 亿美元，增长比较快的

2017年为840.71亿美元。2018年两国贸易额为1070.6亿美元，比上年增长了27.1%。这是两国贸易额首次超过1000亿美元，在某种意义上可以说越过了两国在贸易方面的心理大关，是中俄经贸关系一个大的进步，也是中俄两国长期期待达到的目标。这使大家看到了两国贸易往来快速发展的前景，也看到了两国在经贸合作中存在的、有待进一步发挥作用的潜力。

2018年中俄经贸关系不仅在规模上有所突破，而且在质量上也有所改进，贸易结构有所优化，主要表现在：第一，2018年中国出口到俄罗斯的产品已以机电产品为主，此类产品约占对俄出口的60%，俄罗斯对中国出口的资源型产品占比高达80%。第二，出现了一些新的贸易增长点。2018年中国从俄罗斯进口的农产品为32.1亿美元，比2017年增长了51.3%。双方在电子商务、服务贸易等领域也有新的发展。第三，在一些战略性大项目上，如在能源、核能、航天、跨境基础设施领域，以及北极开发、数字经济等新兴领域，两国合作也取得进展。第四，在俄罗斯地方区域合作进一步加强。以"中俄地方合作交流年"为契机，两国签署了《中俄在俄罗斯远东地区合作发展规划（2018—2024年）》和《中国东北地区和俄罗斯远东及贝加尔地区农业发展规划》，在远东地区的合作进一步深化。同时，中俄地区合作发展投资基金正式成立，为双边合作项目提供融资支持。以上情况说明2018年是中俄经贸合作取得重大进展的一年。2019年,中俄贸易额继续呈增长态势,达到1107.57亿美元,比上年增长3.4%。

促进两国经贸合作发展的两个重要区域发展战略因素

20年来,中俄两国经贸合作不断地取得进展,除了两国政治关系大大加强这一重要因素外,从中俄两国区域合作战略政策来考虑,以下两个因素是不能忽视的。

(一)俄罗斯在"一带一路"建设中的作用

2013年9月习近平主席在哈萨克斯坦提出"丝绸之路经济带"时是这样讲的:"为了使我们欧亚各国经济联系更加紧密,相互合作更加深入,发展空间更加广阔,我们可以用创新的合作模式,共同建设'丝绸之路经济带'。这是一项造福沿途各国人民的大事业,我们可以从几个方面先做起来,以点带面,从线到片,逐步形成区域大合作。"很明显,从国际经济领域讲,"一带一路"倡议这个平台,是通过加强区域经济合作来推进经济全球化、贸易自由化的进程。这在目前"逆全球化""反对贸易自由化"声浪不时出现、日益抬头的情况下,显得尤为重要。因此,笔者认为,"一带一路"倡议本质上是通过加强区域合作推进国际经济合作的平台。从国内经济发展来讲,"一带一路"倡议这个平台的建设，有利于我国形成全方位开放新格局与推动经济可持续增长。正如在党的十九大报告中指出的：推动形成全面开放格局，要以"一带一路"建设为重点，坚持引进来和走出去并重，遵循共商共建共享原则，加强创新能力开放合作，形成陆海内外联动、东西双向互济的开放格局。

俄罗斯在"一带一路"框架下推进中欧经贸合作中有重要的作用。"一带一路"倡议的设想是先通过中亚延伸到俄罗斯并逐步延伸到欧洲。所以俄罗斯是实现欧亚互联互通的一个重要国家。另外，中国在推行"一带一路"建设过程中，要建立六大经济走廊，其中两条与俄罗斯有关。一是新亚欧大陆桥经济走廊。新亚欧大陆桥经济走廊由中国东部沿海向西延伸，经中国西北地区和中亚、俄罗斯抵达中东欧。新亚欧大陆桥经济走廊建设以中欧班列等现代化国际物流体系为依托，重点发展经贸和产能合作，拓展能源资源合作空间，构建畅通高效的区域大市场。二是中蒙俄经济走廊。2016年6月23日，中蒙俄三国签署了《建设中蒙俄经济走廊规划纲要》，这是共建"一带一路"框架下的首个多边合作规划纲要。

2015年中俄签署了《中华人民共和国与俄罗斯联邦关于丝绸之路经济带建设和欧亚经济联盟建设对接合作的联合声明》。这个声明，表达了双方的合作的意向与愿景，双方认为，丝绸之路经济带和欧亚经济联盟之间并不是相互矛盾的，而是可以合作的。2020年9月11日中俄两国外长在发表的共同声明指出：中俄将继续推进"一带一路"建设和欧亚经济联盟对接，促进欧亚大陆区域互联互通和经济发展。双方重申致力于推进"一带一路"倡议和"大欧亚伙伴关系"并行不悖、协调发展。

但要解决"一带一路"和欧亚经济联盟对接的问题，需要作出新的安排。经过多次谈判，2018年5月17日，在哈萨克斯坦阿斯塔纳经济论坛期间，由中国商务部副部长、国际贸易谈判代表傅自应与欧亚经济委员会执委会主席季格兰·萨尔基相以及欧亚经济联盟各成员国代表共同签署《中华人民共和国与欧亚经济联盟经贸合作协定》（以下简称"协定"）。2019年10月25日，李克强总理和欧亚经济联盟各成员国总理共同发表《关于2018年5月17日签署的〈中华人民共和国与欧亚经济联盟经贸合作协定〉生效的联合声明》。这个协定，首先要明确是以中华人民共和国国家的名义与欧亚经济联盟各成员国签订的。还应该指出的是，该协定是以世界贸易组织（WTO）法律框架为根据的，如在执行过程中出现分歧，要以WTO有关规定为准。因此，这个协定的签订，解决了"一带一路"倡议和欧亚经济联盟两个不对称的组织或机制的相互关系的问题，为促进中国与欧亚经济联盟成员国合作建立了法律基础和法律机制，消除了机制性障碍。因此，该协定的生效有助于推进中国与欧亚经济联盟国家间的经贸合作发展，为双方在贸易和产业领域的深度融合创造了有利条件。另外一个重要意义是协定的签约国，在经贸合作过程中都能与国际贸易规则接轨，并有利于在 WTO 框架内推进贸易便利化的进程。

（二）俄罗斯强化战略东移亚太有利于中俄区域合作

2014 年 11 月 10 日，普京总统在亚太经合组织（APEC）工商领导人峰会的演讲中表示，与亚太地区加强合作是俄罗斯优先战略方向，中国是俄罗斯在该地区的优先合作伙伴。"我们要加强与亚太各国关系"，"我们的合作潜力确实是巨大的，是无穷的"。

俄罗斯不断强化战略东移亚太是由国内外各种因素决定的。笔者认为，其中的一个重要因素是加快开发与开放东部地区。俄罗斯国内面临的主要问题是经济问题，而经济的发展在相当程度上取决于东部地区能否加速开发与开放。为了加快东部地区的发展，俄罗斯还采取了一些具体政策措施。2014 年俄联邦成立了由时任总理梅德韦杰夫直接领导的远东社会发展经济问题委员会，着力研究如何解决远东经济出现的各种问题。2014 年 12 月 29 日，普京总统批准了《俄罗斯联邦社会经济超前发展区法》。2015 年 7 月，普京总统批准了《符拉迪沃斯托克自由港法》，并于年末生效。2016 年年初远东确定建立 16 个超前发展区，还推出《远东一公顷土地法》，该法规定，凡迁移到远东地区的人，国家可提供一公顷土地。另外，2012 年，俄罗斯还用了 4 年的时间、花了 210 亿美元精心筹备了 APEC 会议，其目的十分明确：向世人宣示俄远东地区在亚太地区的存在，使其不能成为"被遗忘的角落"。同时，为积极与亚太各国合作做好准备，使远东成为俄"走向世界"的前哨，连接亚太地区的重要接口，并以此次 APEC 会议为契机，使俄远东开发与开放进入一个采取切实行动的新阶段。

俄罗斯采取以上一系列的政策，都是为了加快远东地区的开发与开放，为适应与亚太地区的合作做好准备，最终使远东成为俄罗斯在亚太地区的影响力中心。通过发展远东，带动俄罗斯整个东部地区发展，这是普京的俄罗斯国家战略构想中的一个重要内容。

俄罗斯要加快东部地区的发展，但缺乏资金、技术与劳动力，单靠俄本身力量是做不到的，因此，必须加强国际合作。俄罗斯强调，在不断强化战略东移亚太的过程中，将不断深化与中国合作。中国东北与俄远东经贸合作已有较好的基础。2017 年中国东北地区和俄罗斯远东及贝加尔地区政府间合作委员会（中方由汪洋副总理领导，俄方由尤里·特鲁特涅夫副总理领导）开始工作，这有利于一些项目的落实。据《俄罗斯报》2017 年 12 月 29 日报道，中国将在俄远东地区落实 40 亿美元的 28 个项目，涉及交通运输与物流、旅游、林业、能源开发、钢材深加工等诸多领域。中俄双方在 2018 年至 2019 年举办地方合作交流年。中俄现已建立了"长江—伏尔加河""东北—远东"两大区域性合作机制，缔结了 140 对友好城市及省州，基本落实双方积极推进远东开发、北极开发、数字经济、跨境电商等新兴领域合作。在中俄双方的积极推动下，中方参与俄远东地区的合作不断加强，2017 年中方与俄远东联邦区的贸易额超过 77 亿美元。中国已成为俄远东地区第一大贸易伙伴国与第一大外资来源国。据 2019 年 1 月 10 日中国商务部召开例行新闻发布会提供的情况，以"中俄地方合作交流年"为契机，两国签署了《中俄在俄罗斯远东地区合作发展规划（2018—2024 年）》和《中国东北地区和俄罗斯远东及贝加尔地区农业发展规划》，在远东地区的合作进一步深化；通过中国国际进口博览会、俄罗斯东方经济论坛等展会平台，推动两国地方和企业深度对接。

中俄经贸合作主要领域

应该说，中俄之间经贸合作的领域是相当广泛的，从今后一个时期中俄两国经济结构、经济发展的互为需要与国际关系变化等因素考虑，两国的经贸合作既有大的潜力又十分有迫切性，主要体现在以下几个方面。

第一，能源合作已成为中国经贸合作中发展最快最重要的一个领域。为了加强两国的能源合作，双方专门设立了中俄能源商务论坛。中俄双方都认为这是一个最重要的、最具潜力、范围最广的合作领域。习近平主席出席论坛时就巩固和深化中俄能源合作提出 4 点建议。第一，坚持企业主体、商业原则，广泛寻找合作良机。第二，挖掘新潜力，推动中俄能源合作提质升级。要加强能源技术标准合作，推动两国能源标准互认和对接。第三，促进利益融合，深化上中下游全方位一体化合作。要立足当前，谋划长远，坚持优势互补、互利双赢，拓展深度合作。第四，加强全球能源治理合作，推动能源可持续发展事业。要携手坚定维护多边主义，积极开展多边合作，在全球能源治理体系中发挥建设性作用，为全球能源发展注入更多正能量。普京表示，俄中能源商务论坛为双方探讨扩大油气、电力、可再生能源等合作提供了一个重要平台。

中俄不断提高能源合作水平的趋势十分明显。2009 年俄罗斯向中国出口石油 1530 万吨，到 2018 年增加到 7149 万吨，2019 年为 7585.06 万吨。这两年从俄罗斯进口的石油分别占中国石油进口总量的 15.5% 与 15.3%。中俄在石油领域的合作潜力与重要性突出表现在：首先，2019 年中国全年进口石油已超过 5 亿吨，石油依存度也超过 70%。中国的能源安全（主要是石油）是个十分重要的问题，必须实行石油进口多元化的政策。这样，从俄罗斯进口石油的作用将日益提高。其次，从石油出口大国的俄罗斯来讲，同样需要解决出口多元化的问题，特别在相当长的一个时期，国际石油市场供大于求的现状不会改变的情况下，保持对中国石油出口的不断增加，具有其重要性。最后，中俄在天然气项目上的合作比石油方的合作要迟缓得多，到了2014年5月两国才签署了《中俄东线供气购销合同》。从2019年12月起通过"西伯利亚力量"管道，俄每年向中国输送380亿立方米天然气。

俄罗斯试图摆脱天然气出口过多依赖欧洲的局面，同时，俄罗斯与西方国家的合作也面临较大阻力。美国的压力与俄罗斯反对派领袖纳瓦利内中毒事件导致德俄关系的紧张，使北溪-2号管道的前途不明。另外，2020年年初才正式运行的"土耳其溪流"管道也不顺利。俄罗斯向土耳其供应的天然气从2020年1月的22.54亿立方米骤然下降到6月的200万立方米。在上述情况下，俄罗斯希望把天然气的出口更多转向中国市场。据有关报道，俄罗斯天然气工业公司与蒙古国建立了一家合资企业，负责研究建设和运营通往中国的天然气管道的可行性。中俄已经开启了在北极地区的油气资源开发合作。俄罗斯在加强中俄能源合作方面的主动态度，普京于2019年10月3日在瓦尔代国际辩论俱乐部回答俄罗斯学者卢佳宁的提问时已有示意，他说："这是自然而然的。中国需要能源，而我们有能源。"看来，今后中俄在油气领域的合作水平会不断加强。

第二，农业合作有较大潜力，也是一个新的合作领域。近几年来，俄罗斯农业有了较快的发展，从过去很长一个时期农副产品的进口国变成了出口国。2017年俄罗斯粮食产量达1.4亿吨，打破40年来的最高纪录（1978年为

1.274亿吨），成为最大的小麦出口国。2017年中国从俄进口农产品达17.2亿美元，2018年为32.1亿美元，比上年增长51.3%，2020年上半年，中国从俄进口农产品21.5亿美元，比上年同期增长29.1%。俄罗斯计划到2024年向中国出口的农产品达到95亿美元。俄罗斯卫星通讯社2020年8月26日报道，为了加强这一领域的合作，在中俄总理定期会晤委员会经贸合作分委会上，中国商务部部长钟山提议，中俄应深化大豆全产业链合作，建立中俄大豆产业联盟。另外，笔者认为，今后中俄在农业方面的合作不单是农产品贸易方面，而应朝着共同开发的方向发展。俄罗斯远东人烟稀少，空旷肥沃的黑土地有着无限的开发潜力。俄东西伯利亚与远东地区有近50%的耕地处于闲置状态，俄准备进一步加大农用地的出租规模。在2012年9月召开的APEC会议期间，普京在回应各国投资者关注的有关农业开发问题时明确指出："开诚布公地说，我们希望少购买些商品，能吸引更多的资本来发展俄罗斯农业，大量尚未开垦的农业土地，是我们具有竞争力的优势。"看来，今后中国东北三省与俄远东农业合作重点是投资开发农业。应该说，中俄加强农业合作，不仅对改善俄远东地区农副产品的供应有重要作用，而且，如果合作得好，对保证世界粮食安全将会产生积极影响。

第三，强化科技合作。从理论上讲，在当今条件下，中俄两国在"一带一路"框架下开展合作，必须以提高新技术为依托。为此，两国都在采取积极的措施强化科技合作，确定 2020—2021 年为科技创新年。中俄双方在能源、航空航天、互联互通等领域有良好的技术合作。中俄联合研制远程宽体客机的工作已全面展开，两国还在加快共同研制重型直升机的谈判进程。两国还建立了联合科研中心，共建了科技网站与若干科技园区等。但这一领域尚未起到有力推动经贸合作的作用。今后通过双方努力，制定切实可行的中期和长期的科技合作规划等措施，推动高新技术方面的合作会取得进展。

第四，努力推进金融领域的合作。"一带一路"倡议主要作用在于推动区域合作，而推进区域合作的重点是交通基础设施的建设，这方面的合作要靠大量投资才能实现。为此，为了推进对"一带一路"沿线国家交通基础设施的建设，我国在金融领域做出了很大努力，先后联合其他金融机构建立亚洲基础设施投资银行、丝路基金、中国欧亚经济合作基金与金砖国家新开发银行等新的金融合作机构，为金融领域搭建了合作平台。所以，金融领域的合作在"一带一路"倡议实施过程中起着各国之间联系的纽带、合作的载体和融合渠道的作用。

由于中俄经贸关系不断发展，合作项目日益增多，中俄金融合作也将进一步加强。首先应指出，随着金融合作分委会机制日益完善，这对中俄金融合作有重要作用，使两国银行间的合作和相关民间跨境金融交流活动更加频繁。

这同时对促进中俄两国采用本币结算、挂牌交易、互设机构与监管合作等方面有重要意义。目前，国内商业银行已与俄罗斯约200家银行建立了代理行关系。另外，这几年来金融合作模式也有新发展，如由传统的"跨境商行"向"跨境投行"模式延伸，由单一金融主体间的合作向跨境金融联盟模式延伸。在跨境投行方面，债券发行和产业基金成为新兴的金融合作领域。两国的金融合作逐渐由传统的银行业务合作向保险、证券等金融领域的合作延伸。

第五，交通运输基础设施领域的合作。俄罗斯在交通运输设施方面并不很发达，特别是俄罗斯东部地区较为落后。因此，急切需要加强与中国在交通基础设施建设方面的合作。这几年来中俄在这方面的合作有了一些进展，如黑河公路大桥、同江铁路大桥，经过中俄双方多年的努力在2019年年底建成。中俄双方在这一领域的合作，有着巨大的潜力。

除了上述合作领域外，近几年来，中俄在电子商务方面的合作也有较快的发展。据俄罗斯电子商务协会公布的材料，2017年俄罗斯电商市场交易额达1万亿卢布，其中3743亿卢布购自外国电商，来自中国电商的商品占近90%。另外，中俄跨境电商的合作关系已从单边向双边转型，中国消费者通过跨境电商购买俄罗斯商品的数量正在增加，越来越多的俄罗斯商品正在逐步进入中国市场。可以预计，随着中俄两国经贸合作条件的不断改善，两国之间的跨境电商有很大的发展余地。

发展前景

中俄两国都希望提高双方经贸合作的水平。2019 年，中俄领导人共同确定 2024 年双边贸易额达 2000 亿美元的目标。笔者认为，提出一个发展目标并为达到这个目标去努力，是十分必要的。但还需要考虑到影响两国经贸关系发展进程的因素有很多，如两国经济、世界经济发展状况、国际市场上能源价格的变化情况等，还有一些难以估计到的突发性因素，如这次暴发的全球性的新冠肺炎疫情。从今后一个时期来看，在发展中俄经贸合作方面有不少有利因素，除前面提到的两国有良好的政治关系与提出的区域合作战略思路外，两国在资源禀赋、技术发展水平与消费需求结构等方面，有着明显的互补性，中国需要俄罗斯的能源，俄罗斯为了实现再工业化，需要中国优质的机电产品。另外，中俄经贸合作领域在不断拓宽，合作条件在不断地改善。通过两国坚持不懈的努力，两国经贸合作的水平将不断地提高。

总的来说，中俄两国经贸合作有着很大的潜力，在未来的经贸合作进程中，随着两国科技进步和经济结构的不断调整，双方的经济结构和区域优势将进一步发挥，合作领域将日益拓展。在互利共赢的原则下，两国经贸合作水平将进一步提升，这必将有利于两国经济的发展，将为夯实中俄新时代全面战略协作伙伴关系起到重要基石的作用，这也是支撑两国关系不断向前发展的重要动力。

中俄学者肩负捍卫第二次世界大战成果的共同使命

吴恩远

中国社会科学院俄罗斯东欧中亚研究所原所长

吴恩远

研究员，博士生导师。曾任中国社会科学院俄罗斯东欧中亚研究所所长、中国俄罗斯东欧中亚历史研究会会长、第十二届全国政协委员。现任中国社会科学院中国历史研究院学术咨询委员会委员。研究领域为俄罗斯历史。

中俄学者肩负捍卫第二次世界大战成果的共同使命

2021年是《中俄睦邻友好合作条约》签订20周年。但中俄之间友好合作的历史源远流长，早在当年世界人民反法西斯战争中，中俄两国人民就肩并肩、同仇敌忾，共同携手打击德日法西斯帝国主义，苏联是欧洲抗击德国法西斯的主战场，中国则是亚洲抗击日本法西斯的主战场。

战后欧洲国际军事法庭和远东国际军事法庭从1945年11月和1946年5月开始了对发动第二次世界大战的德国、日本罪犯的审判。当年穷凶极恶的法西斯元凶终于遭到应得的惩罚，还历史以公正。但当时的审判并不彻底，最典型的就是头号罪犯日本天皇——这个能够直接干预日本军队作战行动的皇帝，却不在审判之列；而欧洲法庭竟然也有人声称要否定纽伦堡审判，要为第二次世界大战时期的乌克兰纳粹分子班杰拉正名，而此人曾帮助德国纳粹进行种族屠杀。苏联解体后，否认第二次世界大战的历史虚无主义之风甚嚣尘上，诸如"战胜希特勒只是推迟了共产主义制度的垮台"，"苏联卫国战争不是按照斯大林的指示、恰恰是违背他的指示取得的胜利"；在中国也有夸大国民党抗战作用、否认中国共产党是抗日战争的中流砥柱等谬论。

所以捍卫第二次世界大战成果、还历史真实面目是中俄学者面临的共同使命，任重而道远。

关于第二次世界大战爆发深层次原因的分析

（一）德国法西斯早就制订了进攻苏联计划

经过纽伦堡和东京国际军事法庭的审判，全世界对德日法西斯发动了第二次世界大战并无任何异议。那种认为苏联早就有发动战争的军事准备完全是歪曲历史事实。早在希特勒掌权之前，德国已开始制订向东方扩张的计划；法国沦亡后希特勒即着手制订进攻苏联的计划。苏联是当时世界上按居民人数计算军人所占比例最小的国家之一，因此不存在苏联扩军备战问题。甚至应当说，苏联在准备抗击德军入侵这类事情上是做得太少了，否则，怎么会有苏联在面对德国侵略之初的暂时失利？

（二）《苏德互不侵犯条约》与第二次世界大战的开端

还有一种观点，把1939年8月23日《苏德互不侵犯条约》的签订看成是"苏联斯大林和德国希特勒共同发动了第二次世界大战"。欧洲议会更是于2019年9月19日通过决议，直接指控苏联与纳粹德国一起发动了第二次世界大战。据此欧洲议会决议将8月23日，即《苏德互不侵犯条约》签署日，作为全欧洲纪念所谓集权和专制政权受害者纪念日。

2020年6月19日，俄罗斯总统普京在克里姆林宫总统网站和美国外交杂志《国家利益》网站上同时发表近万字长文，纪念俄罗斯卫国战争和第二次世界大战胜利75周年，概述了他对第二次世界大战一系列重要问题的看法和观点。普京特别谈到了当年苏军"侵犯"波兰的事实。

类似这样的话普京曾经多次说过。在2014年1月16日会见俄罗斯国家历史教科书修改委员会成员和11月5日在俄罗斯现代历史博物馆会见青年历史学家时，普京阐明了他对如何评价《苏德互不侵犯条约》的看法：首先，由于当时苏联不想立即与德国开战，便签订了这个条约。他说，难道苏联不想打仗就像一些人所说是干了坏事？其次，苏联也知道与德国的战争不可避免，所以不惜一切代价（包括签订《苏德互不侵犯条约》）拖延战争爆发，因为需要时间使苏联军队装备实现现代化：它需要生产后来被称为"喀秋莎"的齐射火炮；需要生产新型的T-34坦克，而且不是一点点，要能具备成建制装备苏军的上千万计的坦克大炮。那时候哪怕能够延长一个月，甚至一天的时间都是宝贵的。因此普京把签订《苏德互不侵犯条约》称为"苏联领导人战前的积极活动"并要求应以"正确的观点"给予评价。至于对"那些完全出于政治目的对苏德条约的评价"，普京称是"无聊的空谈"。

(三) 法西斯试图统治全球是第二次世界大战爆发的根本原因

中国学者早就指出：德日法西斯是以"激进主义、复仇主义和种族主义情绪"煽动了新的世界大战。1927年，日本首相田中义一在东京主持召开东方会议，重点讨论侵华问题。会后，田中义一起草了《帝国对满蒙之积极根本政策》并上奏裕仁天皇，这就是臭名昭著的《田中奏折》。《田中奏折》露骨地表明了日本法西斯侵略者先攫取满蒙，再占领整个中国，进而吞并亚洲、称霸世界的狂妄野心构想，成为20世纪三四十年代日本军国主义对外发动侵略战争的总纲领。

所以中国学者认为1931年9月18日日本法西斯对中国发动的公开侵略成为中国人民抗日战争的起点，并揭开了世界反法西斯战争的序幕。1937年卢沟桥事变成为中国全民族抗战的开端，中国战场成为反对日本法西斯侵略的主战场，也是世界反法西斯战争的东方主战场。欧洲战场开始时，中国已经独立抗击日本法西斯侵略8年。

普京在2020年的文章中，引证大量史实，深入分析了第二次世界大战是怎样爆发的。他指出第二次世界大战爆发的深层次原因在于《凡尔赛和约》对战败国的处理失当，以及国际联盟在解决冲突方面的无能和无效。《凡尔赛和约》签订后，引发了德国激进主义、复仇主义和种族主义情绪，并被纳粹用来进行战争煽动；英法等国的绥靖政策和《慕尼黑协议》的签署是对德日法西斯的姑息养奸，这些都是诱发第二次世界大战的直接原因。普京强调，造成人类历史上最大悲剧的主要因素是国家利己主义，是对不断增强的侵略力量的放纵，以及政治精英层对相互达成妥协准备不足。

所以第二次世界大战爆发的主要因素在于后起的德日法西斯帝国主义企图通过发动战争掠夺世界，重新瓜分世界。1933年纳粹党领袖希特勒在德国建立了法西斯独裁政权。它提出必须扩大和争取德意志民族的"生存空间"，为此应该消灭苏联，把东欧各国变成德国的殖民地。纳粹党公开提出"以大炮代替黄油"的口号，疯狂扩军备战，实行国民经济军事化，为发动对外侵略战争准备了物质基础。在纳粹德国形成了欧洲最大的战争策源地。在亚洲，日本统治者提出了对外军事扩张战略。他们认为，克服日本国内的经济困难的根本政策就是向海外发展，同时对内实行国家改造，即"法西斯化"。1931年，日本在发动侵华战争的同时，已开始施行日本对世界侵略扩张的《国策基准》：即"北上"进攻苏联、"南进"夺取南洋诸国。

由此可见，德日法西斯军国主义势力早就在策划发动侵略战争。那种把苏联说成是"第二次世界大战发动者"的言论完全是颠倒黑白；在中国也有人抹杀中国共产党领导下的东北抗日武装率先举起抗日大旗的历史事实，掩盖蒋介石领导的国民政府对日寇妥协卖国的丑恶行径。因此，中俄学者面临的一个首要任务就是揭示第二次世界大战爆发的历史真相，回击在这个问题上的历史虚无主义。

谁是第二次世界大战的中流砥柱

2019年6月6日是诺曼底登陆的75周年纪念日，在这一天里，受法国政府邀请，英美等多国元首齐聚伦敦，纪念了75年前那场关键战役，甚至当年的敌对国——德国的总理也受到邀请。然而作为战胜国元首，苏联的继承者俄罗斯的总统普京，却并没有接到这次纪念活动的邀请函。

在1945年欧洲战场战斗结束后，法国民调机构"Ifop"的调查显示，57%的法国受访者认为苏联为第二次世界大战做出的贡献最大，仅有20%的人认为美国的贡献最大。

到了苏联解体之后的1994年，法国做了一份关于"你认为第二次世界大战当中，哪个国家为击败纳粹起到了决定性作用"的民意问卷调查，结果是讽刺性的。认为苏联人是欧洲的解放者这一比例下降到了25%，而美国作为胜利决定者的看法居然高达49%；再到2004年，认为决定性因素是苏联的则下降到20%，只比英国的16%强一点点。

第二次世界大战的历史被颠倒了。众所周知，第二次世界大战主要分为欧洲和亚洲两个主战场。到底哪个国家是抗击德日法西斯的主力军？

在亚洲，与日本相比，中国当时在国力上是弱国。1937年，中国的工业总产值不到日本的四分之一，钢产量不到日本的百分之一。正是在这样的物质基础上，中国军民却坚持了长期抗战。当法西斯德国军队横行欧洲，欧洲各国多数向德国投降或在德国入侵后放弃了抵抗之时，本为弱国的中国，在面对强敌日本军队的侵略时，仍然坚定地坚持抗战，为弱国的抵抗树立了标杆。日本超过70%的陆军和三分之一的海军陷在中国战区，中国战场是东方主战场。在中国战场的日本陆军，最多时占其总兵力的90%以上，最少时也超过其总兵力的三分之一，平均为其总兵力的76%。从1931年到1945年，日本军队出国作战共计死亡287万人，而其中198万人死在中国战场，这对稳定东方反法西斯战局起到了决定性作用。中国抗日战争前后历时14年之久，共进行了22次大规模会战，200余次重要战役，歼灭日军160余万人。为此，中国军民付出伤亡3500万人（其中牺牲2000余万人），直接经济损失1000亿美元，间接损失5000亿美元的重大代价。正如习近平主席指出，"中国是第二次世界大战亚洲主战场。中国人民抗日战争起始最早，持续时间最长，条件最艰苦，付出的牺牲也同俄罗斯人民一样是最惨重的。中国军民不屈不挠、艰苦卓绝的抗日斗争，消灭并牵制了日本侵略者大量兵力，以伤亡3500万人的巨大民族牺牲，最终赢得了抗日战争的伟大胜利，为世界反法西斯战争胜利作出了巨大贡献"。

2020年6月普京总统也高度赞扬中国军民在第二次世界大战中起到的巨大作用。他说到，中国军民在亚洲战场与日本法西斯进行了长期抗战，死伤人数达几千万人。

在亚洲战场，中国抗战对世界反法西斯战争的贡献，当时也得到了世界各国的承认和尊重。中国成为联合国创始会员国和安理会常任理事国之一，就是反法西斯同盟国对中国抗战贡献的肯定与承认。因此，中国的抗战，不仅是世界反法西斯战争的重要组成部分，也对世界反法西斯战争的最终胜利做出了重要的贡献，同时也是近代以来中华民族追求独立自由的斗争及中华民族复兴历程的枢纽和转折点。

苏德战场是第二次世界大战欧洲主战场，而苏联军民则是消灭德国法西斯的决定性力量。

第一，苏联消灭了大部分德军军事力量。从1941年6月22日到1944年1月，德军共有153—201个师布防在苏德战线，大约占德军总兵力的三分之二。苏联军民共消灭了73%以上的德军官兵、75%以上的飞机、75%的坦克和强击火炮，这些占德军在第二次世界大战损失的兵员、飞机、大炮、坦克总数的四分之三。苏联军民对消灭德国法西斯的贡献得到了当年参与反法西斯战争的世界各国人民及其领袖的公认。美国总统罗斯福说："很难抹杀这样明显的事实，就是俄国军队所消灭的敌军士兵和武器的数量，比联合国中其他25个国家所消灭的敌军总数还多。"苏联军民以死亡人数达 2700 万人的代价为夺取卫国战争和世界反法西斯战争的胜利做出了巨大贡献。

第二，苏德战场的作战进程是第二次世界大战胜利的转折点。1941 年，德国法西斯几乎横扫了欧洲大陆，世界人民面临法西斯铁蹄的蹂躏。但在当年年底的莫斯科会战，德军遭到首次大规模的惨败，特别是在 1942 年夏季至 1943 年年初的斯大林格勒战役中，德军共损失 150 万人，占德军在苏德战场总兵力的四分之一。这场会战彻底打碎了德军不可战胜的神话，歼灭了德军有生力量，极大地动摇了德国的国际地位，使它失去了仆从国对它的信任，从而成为第二次世界大战的转折点。

第三，苏联对世界各国人民战胜法西斯、结束第二次世界大战做出了重要贡献。当苏德战争爆发后，苏联政府明确规定了支援欧洲被德军占领各国人民获得解放的任务。斯大林在 1941 年 7 月 3 日广播讲话中指出："全国卫国战争的目的，不仅是要消除我国面临的危险，而且还要帮助那些在德国法西斯主义枷锁下呻吟的欧洲各国人民。"波兰、捷克斯洛伐克、罗马尼亚、南斯拉夫和法国等国，都得到了苏联的武器和军事技术装备支援。在苏联帮助下建立的外国军事武装总人数达 55 万人，这些援助都为受援国人民战胜法西斯、争取本国解放做出了贡献。然而，正如普京指出的：当前在东欧一些原来的社会主义国家，在东欧剧变之后受到西方政治文化侵蚀，正在转变对第二次世界大战的看法。它们曾经都是被纳粹铁蹄蹂躏的国家,但现在却在拆除苏军曾经的纪念碑,丝毫不记得这些舍生忘死的苏军战士曾经是它们国家乃至民族的解放者。这从某种方面可以看作对于纳粹战争罪行的美化,也可以说是颠覆第二次世界大战历史成果的妄想。

上述史料十分确切地证明了中国和苏联分别在亚洲和欧洲成为抗击德日法西斯的中流砥柱。当然我们从不否认美国、英国、法国等其他加入反法西斯同盟国家做出的巨大牺牲和贡献,对此世界人民应当永志不忘。面对当前贬低中俄两国对战胜德日法西斯所付出的巨大牺牲和做出的重大贡献的逆反潮流,中俄学者还任重道远。

中苏两国人民相互支持是取得第二次世界大战胜利的保障

习近平主席曾经非常具体地叙述了中国人民在苏联抗击德国侵略者过程中作出的牺牲。他写道:"在卫国战争最艰苦的时刻,中华民族许多热血儿女毅然投身到抗击法西斯德军的英勇行列中。毛泽东主席的长子毛岸英作为白俄罗斯第一方面军坦克连指导员,转战千里,直至攻克柏林。中国飞行员唐铎作为苏军空中射击团副团长,鹰击长空,在同法西斯军队的空战中屡建战功。在莫斯科伊万诺沃国际儿童院学习的中国共产党领导人和革命先烈后代,年龄幼小,自告奋勇挖战壕,制造'莫洛托夫'燃烧瓶,生产军服、食品,伐木,挖土豆,在医院照料伤病员,许多人还每月都为前线战士献出430毫升鲜血……在为俄罗斯卫国战争做出贡献的中国人中,还有许许多多无名英雄。"

中国人民坚持抗日战争,极大支援了苏联军民的反法西斯斗争,沉重打击了日本的侵略野心,使其"北上""南进"的侵略战略最终惨败。1939年,在中日激战正酣时,苏联外交部副部长洛佐夫斯基就指出:"人类今后好几十年的命运将取决于中国和日本斗争的结局"。1940年日本欲乘德国在西线暂时获胜的良机向太平洋地区进攻,但由于中国战场的积极作战牵制了日军的行动,使其南进与德军在中东会师的计划受挫。1941年,德国向苏联发动大举进攻,日本借机大规模调动军队准备在远东向苏联进攻,然而由于中国军民的奋力抗战拖住了日本军力,束缚了日本调兵的手脚,使苏联避免了两线作战的威胁,也为亚洲各国人民的反法西斯战争胜利创造了良好的条件。

苏联军民同样在中国人民抗日斗争最艰苦的年代给予了巨大的支持。1937年8月21日《中苏互不侵犯条约》签订。在这之后,苏联曾给予中国三次信用贷款,总计2.5亿美元,利息很低,用以购买苏联飞机大炮等急需军事物资。苏联所提供的武器都是苏联现役所使用的武器,质量好,作价低。苏联还派出援华空军志愿队、军事顾问,帮助中国建立航空物资供应站、飞机修配厂和航校、训练基地等。

特别是在中国军民空战能力不足的情况下，1937 年 11 月，苏联援华空军志愿队就来到中国，志愿队不仅为中国提供战机、人员训练，还出动优秀飞行员，直接和日军作战，苏军战士和中国战士共患难 4 年多。先后有 2000 余名苏联航空工作人员帮助中国训练飞行员、打击日军，其中有 200 多名苏联飞行员牺牲。从 1937 年 11 月底到 1940 年，苏联援华空军志愿队的飞机一直坚持战斗，歼灭日本飞机近千架。

1945 年 8 月，苏联出兵东北，歼灭约 70 万日本关东军，大大加速了中国抗日战争最后胜利的步伐，也为最终结束第二次世界大战做出了巨大贡献。

第二次世界大战期间，苏联帮助了欧洲和亚洲 13 个国家的人民赶走法西斯侵略者，为此苏军牺牲了数百万人。对苏联人民所做出的重大牺牲，人们是不应该忘记的。

在庆祝《中俄睦邻友好条约》签订 20 周年之际，我们更加不能忘怀第二次世界大战时中苏两国人民的相互支持和相互援助结下的深厚友谊，它不仅为世界人民最终取得第二次世界大战的胜利做出巨大贡献，而且也奠定了今天中俄新时代全面战略协作伙伴关系的基础。

以《中俄睦邻友好合作条约》为引领，共同应对百年变局

李永全

中国俄罗斯东欧中亚学会会长

李永全

研究员，博士生导师。曾任中国社会科学院俄罗斯东欧中亚研究所所长、国务院发展研究中心欧亚社会发展研究所常务副所长。现任中国俄罗斯东欧中亚学会会长、中国社会科学院大学中俄关系高等研究院院长、中国俄罗斯友好协会副会长。研究领域为国际关系、中俄关系。

2021年是《中俄睦邻友好合作条约》签署20周年。20年来，中俄关系在条约原则指引下健康发展，成为世界和平与发展，地区繁荣与稳定的重要因素。中俄新时代全面战略协作伙伴关系是70余年中俄关系发展历程的概括和总结。《中俄睦邻友好合作条约》集中体现了新时代中俄关系的实质。在世界面临百年未有之大变局的形势下，发展和深化中俄关系不仅对中俄双方，而且对欧亚地区乃至世界都具有重要意义。

《中俄睦邻友好合作条约》是中俄关系智慧的结晶

中俄互为最大邻国，两国作为世界大国、联合国安理会常任理事国，两国关系对整个世界都具有重要影响。中俄关系发展历程中的经验教训不仅对中俄双方，乃至对整个国际体系而言都是宝贵的财富和遗产。

1949年以来，中俄（苏）关系经历了结盟、对抗、缓和、正常化和战略伙伴关系的发展历程。在这个过程中，我们感受了结盟时期的友谊与互助、对抗时期的紧张与损失、缓和时期的无奈与期待、正常化时期的释怀与轻松和战略协作伙伴关系时代的自信与从容。

1950年《中苏友好同盟互助条约》的签订既是新中国历史上的重大事件，也是国际共产主义运动史上的重大事件。中苏结盟，使社会主义新中国获得了强有力的政治支持和经济援助，对于新中国发展产生巨大影响；国际共产主义运动由于中国的加入而空前壮大，社会主义发展道路由于新中国的诞生而更具吸引力。

中苏结盟持续的时间并不长。中苏关系恶化，并最终走向破裂乃至走向对抗是一件充满遗憾的事情。对抗给中苏双方都造成巨大损失，双方也为对抗付出了沉重代价。拥有7000多千米边界的两个邻国、大国不能和睦相处，注定没有赢家。同盟关系破裂的过程告诫我们，相互平等、相互尊重、相互信任、相互理解在国家关系中是多么重要。

从1982年到1989年5月，中苏（俄）关系逐步缓和。双方逐渐解决了困扰双边关系的各种问题。当中苏两国领导人实现历史性会晤，邓小平宣布"结束过去，开辟未来"时，双边关系实现了正常化。两国如释重负，中俄关系开始了新的时期。中俄在总结两国关系发展的经验教训的基础上努力探索新型国家关系的发展道路。

苏联解体后，中俄关系成为社会制度不同、价值观不同、发展道路各异的国家间关系。根据双边关系历史和现实，两国都致力于建立一种新型国家间关系。1992年12月18日，中俄双方在北京签署《关于中华人民共和国和俄罗斯联邦相互关系基础的联合声明》，强调"各国人民自由选择其国内发展道路的权利应得到尊重，社会制度和意识形态的差异不应妨碍国家关系的正常发展"。该联合声明的发布标志着中俄两国顺利实现了从中苏关系向中俄关系的平稳过渡。1994年，中俄两国又决定把双边关系提升为"建设性伙伴关系"，从友好的邻居发展为合作伙伴不仅是双边关系水平的提升，也是在新原则基础上发展双边关系的成功实践。1996年，中俄双方决定将中俄关系上升为"面向21世纪的战略协作伙伴关系"。从此，战略协作伙伴关系成为当代中俄关系的定位，也成为中俄新型国家关系的正式表述。

2001年7月16日，中俄两国在深入总结双边关系正反两方面历史经验教训的基础上，在莫斯科签署了《中俄睦邻友好合作条约》。这是继1950年《中苏友好同盟互助条约》后，两国签署的又一个确定双边关系性质的条约。《中俄睦邻友好合作条约》确定双边关系是彼此尊重的战略伙伴关系，尊重各自发展道路选择，尊重文明多样性，尊重各自核心利益。中俄关系是建立在长远战略利益一致基础上的国家关系。《中俄睦邻友好合作条约》是中俄关系最重要的法律基础。条约签署后，双边关系健康稳定发展，互信水平不断提高，经贸合作不断上新台阶，科技合作不断创新，人文合作内容日益丰富，地区合作吸引力日益扩大。在《中俄睦邻友好合作条约》引领下，中俄双方成功解决了悬而未决的边界问题，为双边关系进一步发展和提升扫除了重要障碍，也为世界上处理同类问题的国家提供了重要的范例。

在 2016 年庆祝《条约》签署 15 周年时，习近平主席就指出："《中俄睦邻友好合作条约》作为我们两国关系中的一个创举，在国际上产生了积极效应。我们有理由相信，随着国际形势深刻复杂变化，《中俄睦邻友好合作条约》的示范效应和强大生命力还将进一步显现。"

2019 年 6 月初，习近平主席访问俄罗斯期间，中俄双方签署《中华人民共和国和俄罗斯联邦关于发展新时代全面战略协作伙伴关系的联合声明》，把双边关系提升为"新时代全面战略协作伙伴关系"。新时代全面战略协作伙伴关系的定位具有重要的历史意义。它标志着中俄双方将在百年未有之大变局中通过战略协作为世界和平、稳定与发展提供中俄方案，展现大国担当。

回顾中俄关系 70 年发展历程，双边关系的最大成果是中俄找到了正确的相处之道。这就是"不结盟、不对抗、不针对第三国"，"永远做好邻居、好朋友、好伙伴"。

百年未有之大变局下中俄面临的威胁与挑战

"世界处于百年未有之大变局",这是习近平主席对世界形势做出的重要判断,也是对世界历史进程特点做出的经典表述。

百年未有之大变局,归根结底是科技革命推动世界历史进程的变革。历史上,工业革命对世界历史进程产生过重要影响。18世纪60年代,以蒸汽机发明和使用为主导的第一次工业革命导致资本主义彻底战胜封建主义。19世纪70年代,以电力为主导的第二次技术革命标志着自由资本主义发展到垄断阶段,并成为俄国十月革命成功的客观条件之一。

第二次世界大战后以信息技术为主导的第三次技术革命成为推动全球化进程的一个重要动力。全球化进程在某种程度上模糊了国家界限,资本、技术、信息开始在全球流动,效率发挥决定性作用,导致以社会政策为主导的社会制度和发展模式竞争力低下,催化了东欧剧变和苏联解体。当前科学技术成果密集出现,以人工智能为主导的科技革命让人类历史进程充满诱惑和挑战,对人类社会和国际关系将产生史无前例的影响。

第三次技术革命在发达资本主义国家促发了新一轮自由主义浪潮。少数发达国家垄断全球化规则，将自私自利的制度本性发挥得淋漓尽致。金融寡头垄断财富资源，导致财富向少数"亿万金元帝国"集中；社会两极分化加剧，发达国家与落后国家差距增大，致使世界范围内民粹主义泛滥，这也是自由主义泛滥导致的必然结果。

在这个进程中美国是引领者，同时也是最大获益者，因为美国引领了全球科技进步，主导了全球化进程和全球地缘政治游戏规则的制定。全球化开阔了人们的视野，造就了一些新兴经济体。美国主导的这个进程最终指向美国主导的制度本身。要求建立公平世界的呼声日益高涨，并直接冲击以美国优先和丛林法则为主要特征的国际关系体系。美国充耳不闻，试图逆全球化而行。但历史的车轮滚滚向前，由科技革命开启和推动的百年变局进程将迫使大国遵循历史发展规律，放弃霸权独断与傲慢。

中俄对世界发展趋势的认识基本一致，虽然表述有所不同。总之，旧的国际关系体系正在瓦解，新的世界秩序正在形成。这将是摒弃霸权主义、崇尚平等互利的新秩序。但是，新秩序的形成不会一帆风顺，需要国际社会共同努力。

以《中俄睦邻友好合作条约》为引领的中俄全面战略协作伙伴关系体现了新型国家关系的实质，与此同时，中俄受到来自美国的无理打压。美国当局为了遏制中俄发展和离间中俄关系使用了各种手段，中俄共同面临一系列威胁与挑战。

第一，中俄同时遭到美国的打压和围剿。美国对俄罗斯发起制裁，对中国挑起贸易摩擦。这种建立在冷战思维和自私自利基础上的双边关系准则早已为时代所唾弃。美国作为联合国安理会常任理事国，理应坚持通过平等对话、协商解决问题，而这种动辄制裁和挑起贸易摩擦等做法，与世界大国的地位和身份极不相称。

第二，在欧亚一体化进程问题上，俄美之间尖锐对立。欧亚地区突发事件频仍，"颜色革命"不断，与美俄在欧亚博弈密切关联。美国通过制造可控混乱，甚至不可控混乱遏制对手的企图和做法严重威胁地区安全与稳定。

第三，旧的国际关系体系正在瓦解，建设世界新秩序的过程是霸权主义和公平正义原则博弈的过程。世界发展进程具有很大不确定性，维护世界和平与发展大势的任务异常艰巨。

第四，欧亚地区，尤其中亚地区不稳定因素叠加，每一个事关安全与发展的问题都可能成为威胁和破坏地区安全与稳定的导火索。

第五，弥漫全球的疫情再次暴露出欧亚地区应对突发事件机制上的不健全，而且由于各国间发展不平衡，紧急救灾方面也存在明显漏洞。因此，习近平主席在上海合作组织成员国元首理事会第二十次会议上的演讲中倡议，"加强抗疫合作，构建卫生健康共同体"。

这些威胁和挑战都具有深刻的根源，靠一个国家的力量无法单独解决。因此，中俄应该联合欧亚国家共同应对地区安全与发展面临的威胁与挑战。与此同时，这些威胁与挑战既是地区性的，也是全球性的，因此，消除威胁、应对挑战的任务异常艰巨，任重道远。

中俄在全面战略协作中应对百年变局

新冠肺炎疫情全球大流行加速了世界变局进程，深刻调整的国际政治、经济、科技、安全等格局让世界进入动荡变革期。习近平主席告诫我们，在今后一个时期，我们将面对更多逆风逆水的环境，必须做好应对风险挑战的准备。

当前，和平与发展仍然是时代主题，我国发展仍然处于重要战略机遇期，只是机遇和挑战都有了新的发展变化。

对于俄罗斯来说，世界形势的发展与变化同样不能阻止俄罗斯复兴的步伐。而阻止俄罗斯复兴，尤其阻止俄罗斯主导的欧亚一体化几乎成为西方国家的共识，并成为导致俄罗斯与西方国家关系恶化的最重要因素。

在世界多极化、区域一体化以及通过对接合作发展双边关系方面，中俄有许多共识，这些共识构成了中俄新时代全面战略协作伙伴关系的重要基础。因此，中俄有责任和义务在事关地区发展与稳定以及世界和平与发展的诸多领域开展战略性合作。

在全球层面，中俄应该在 G20、金砖国家、上海合作组织等机制中开展有效合作，以维护自身利益并推动建立公正的世界秩序。经济全球化已经在很大程度上使世界经济成为一个整体。全球化游戏规则是为强者制定的，资本、技术和信息的自由流动使资本市场上的强者更强，弱者更艰难。在全球化过程中，绝大多数国家和业界实体都是弱者，社会问题的常年聚积导致了全球范围内的社会不满情绪。当发达国家向发展中国家转移矛盾和问题的潜力和空间枯竭时，必然出现全球范围内"民粹主义"泛滥，而且，现在民众的不满情绪也在被滥用。这充分说明了变革势在必行。全球化规则再也不应该由少数几个国家垄断，而应该反映大多数国家和人民的利益与愿望，新兴经济体的呼声理应受到重视。在这个过程中，中国和俄罗斯展开战略协作的空间非常广阔。

在维护全球战略稳定方面，中俄应该保持现有的合作势头。核大国应该对国际安全和全球战略稳定担负责任。美国在 2001 年退出《苏美关于限制反弹道导弹系统条约》，2019 年又退出《苏美关于消除中程和中短程导弹条约》，这对国际和地区战略平衡、安全稳定造成严重消极影响。中国一向支持俄罗斯为维护全球战略稳定所付出的努力。

中俄都认为，《不扩散核武器条约》是当今国际安全体系的基础之一，是一份独特的国际条约，实现了不扩散核武器、核裁军与和平利用核能领域平等合作的和谐统一；反对一些国家在履行《不扩散核武器条约》自身义务方面不负责任的态度；呼吁有关国家摒弃核共享政策，要求所有部署在核武器国家境外的核武器返回其本土。与此同时，中俄坚决反对外层空间军事化，反对外空军备竞赛，尤其反对将外空演变为军事冲突疆域。中俄在国际安全领域的合作为维护全球战略稳定和维护世界和平做出重要贡献。

在地区层面，尤其在欧亚地区，中俄合作是地区稳定的重要保障。欧亚地区是俄罗斯主导的欧亚一体化目标区域，同时也是中国重要周边地区，中国同样关注、关心欧亚地区形势发展。目前，欧亚地区已经成为全球大国博弈的焦点地区之一，地区内政治、经济、安全等形势均呈脆弱或不稳定态势。目前欧亚地缘政治形势发展既"按部就班"，又扑朔迷离。首先，俄美在欧亚地区的博弈日趋激烈，双方结构性矛盾难以消除。俄罗斯不会放慢甚至停止欧亚一体化步伐，美国也不会停止对欧亚一体化进程的阻挠和破坏。其次，欧亚新独立国家既不希望在政治上被一体化，也不希望失去欧亚地区传统经济联系和共同市场，因此多元外交将是欧亚国家既定的和相对持久的对外政策特点。再次，中国推进"一带一路"倡议在得到欧亚大多数国家欢迎的同时，也将受到大国博弈的干扰。复次，美国离间中俄关系的企图和尝试不会消失，但是中俄双方最高领导人和高层的战略格局尚可以保证中俄关系的稳定性。最后，美国资本利益集团把中国视为最主要的威胁和对手，美国军工集团依然把俄罗斯作为主要敌人和真正对手。美国通过在欧亚国家策动乱局遏制俄罗斯发展的尝试从来没有停止。处在大国博弈夹缝中新独立国家的主权安全也不时受到威胁。2020年欧亚地区发生的事件充分说明了地缘政治博弈的激烈程度：8月白俄罗斯总统选举、9月的纳卡战争，以及10月的吉尔吉斯斯坦议会选举引发的动乱中都有"颜色革命"的影子。这些事件无不具有域外操纵或参与的痕迹。在欧亚地区传统安全和非传统安全问题并存的形势下，为保持欧亚地区稳定、促进欧亚地区发展，进一步完善中俄战略协作势在必行。

欧亚地区的问题归根结底是发展和安全问题，二者有密切联系。中俄全面战略协作伙伴关系是欧亚地区稳定与发展的重要保证。早在2015年5月，中俄就签署了《中华人民共和国与俄罗斯联邦关于丝绸之路经济带建设和欧亚经济联盟建设对接合作的联合声明》，中俄双方商定，努力将丝绸之路经济带建设和欧亚经济联盟建设相对接，确保地区经济持续稳定增长，加强区域经济一体化，维护地区和平与发展。双方将秉持透明、相互尊重、平等、各种一体化机制相互补充、向亚洲和欧洲各有关方开放等原则，通过双边和多边机制，特别是上海合作组织平台开展合作。

2018年5月，中国与欧亚经济联盟及其成员国在哈萨克斯坦首都阿斯塔纳签署《中国与欧亚经济联盟经济贸易合作协定》。该协定是"一带一路"建设和欧亚经济联盟建设对接的重要实质性成果，是一项旨在减少双边非关税贸易壁垒，提高贸易便利化水平，完善经贸规则，加强部门间合作的贸易便利化安排。"一带一路"国际合作倡议与欧亚经济联盟的合作对于双方都具有长远战略意义。虽然目前合作领域还有局限性，但是协定的签署表明双方对区域合作认识水平的提高，为深化合作起到促进作用。至于欧亚安全领域，中俄在上海合作组织框架内为保证欧亚地区安全做了大量工作，实施了有效的战略配合。

如果说"一带一路"与欧亚经济联盟建设的对接合作将促进中国与后苏联空间的全方位合作的话，那么"一带一路"倡议与大欧亚伙伴关系构想的对接合作将会促进俄罗斯以及欧亚经济联盟与亚太地区的经济合作，为俄罗斯深入参与亚太经济合作开辟新的机遇。"一带一路"倡议与大欧亚伙伴关系对接合作的目的是建立欧亚经济伙伴关系，其合作区域包含后苏联空间、上海合作组织成员国、东盟等地区国家和国际组织，涉及诸多领域，具有很好的前景。对接合作进程启动本身就有利于地区安全、稳定与发展。实际上，这项合作既不是对"一带一路"和大欧亚伙伴关系的替代，也不是对"一带一路"和大欧亚伙伴关系的具体落实，而是在二者的框架内拓展合作领域，探索合作模式，实现互利共赢。2020年11月15日，15个区域全面经济伙伴关系协定（RCEP）成员国正式签署了该协定。这对建立欧亚经济伙伴关系具有良好的借鉴作用。

总而言之，在百年未有之大变局形势下，中俄共同纪念《中俄睦邻友好合作条约》签署20周年并宣示根据条约规定顺延该条约具有重要历史意义。面对纷繁复杂的世界变局，中俄负有重要的历史责任。在践行中俄新时代全面战略协作伙伴关系的征程中，中俄在全球层面应该成为新型国际关系的倡议者和推动者、国际公平正义的守护者；在地区层面应该成为区域经济一体化的倡导者和践行者、地区综合安全的维护者和人文交流的开拓者；在双边关系层面应该进一步深化政治互信，通过发展战略对接推进务实合作向深度和广度拓展，通过加强人文交流夯实双边关系的民意基础。只要中俄关系健康发展，两国人民就可以安居乐业，欧亚就多一分安宁，世界就多一分和平。

中国和俄罗斯推动完善全球治理体系：成就与路径

孙壮志

中国社会科学院俄罗斯东欧中亚研究所所长

孙壮志

研究员，博士生导师。曾任中国社会科学院社会学研究所副所长。现任中国社会科学院俄罗斯东欧中亚研究所所长、中俄战略协作高端合作智库副理事长兼秘书长、中国中亚友好协会副会长、中国上海合作组织研究中心执行主任、中国世界民族学会副会长、中国俄罗斯东欧中亚学会副会长。研究领域为区域合作与国际关系、上海合作组织等。

回顾冷战以后中国和俄罗斯两国关系发展的历史轨迹，特别是1996年建立战略协作伙伴关系和2001年签署《中俄睦邻友好合作条约》，对国际大变局中双方深化新时代全面战略协作伙伴关系，在改革和完善全球治理体系方面开展良性互动，促进维持全球战略稳定与平衡，具有特殊的价值和启示。中国与俄罗斯作为两个相邻的大国，又同为联合国安理会常任理事国，面对复杂的外部挑战开展全球以及地区合作，对于构建新型国际关系意义重大。新时代的中俄全面战略协作伙伴关系，除继续深化双边务实合作以外，还要提升合作的质量和水平，其特殊内涵包括：一是"结伴不结盟"的合作原则；二是树立"世代友好"的合作理念；三是通过共商共建共享完善全球治理；四是"一带一路"和欧亚经济联盟的对接合作。这些新的合作方式，代表了国与国之间和睦相处、共同应对全球性和地区性挑战的新智慧、新思路、新方向。

共同倡导构建新型国际关系

2020年是世界反法西斯战争胜利75周年，中俄两国人民浴血奋战，共同为人类的正义事业做出了巨大的贡献。20世纪发生的第二次世界大战是一场空前浩劫，法西斯主义的肆虐造成生灵涂炭、经济凋敝。第二次世界大战是特殊历史背景下的产物，与1929年的经济大危机直接相关，德、意、日三个"轴心国"走上对外扩张、转嫁国内矛盾的道路，最终挑起一场燃烧了长达六年的战火，也由此深刻改变了世界经济、政治和安全格局的走向。今天的人类社会同样面临着一次重大考验，新冠肺炎疫情的迅速蔓延造成全球经济停滞和大量人力、物力的损失，是公共安全危机导致的一场特殊"战争"，也将深刻改变今后的国际格局和世界秩序，对冷战结束后的全球化、区域化进程造成极大的冲击。

（一）中俄代表了非西方的新兴力量

一个世纪以前产生的法西斯主义本质上是反人类的，鼓吹恃强凌弱、用武力改变国际关系现状，靠疯狂对外发动侵略战争争取所谓"生存空间"，为了狭隘的本国利益，侵占他国领土，疯狂掠夺他国资源和财富。今天的国际关系中仍然存在强权政治和冷战思维，而且在2008年国际金融危机之后再度肆虐，个别大国为了维护单极霸权，逆潮流而动，公开宣扬所谓"本国优先"、单边主义、贸易保护主义，不是维护主权的正常举措，而是无视公认的国际法规则，是霸权主义在新形势下的借尸还魂，甚至演变为一种欺负弱小、践踏国际法准则的霸凌行径。

第二次世界大战以后新兴力量迅速崛起，尽管两极对抗的格局形成了不正常的国际关系，但科技的进步使各国的交往越来越频繁，广大发展中国家得到了进入国际经济循环的机会。冷战结束后这种趋势进一步强化，经济全球化、政治多极化、国际关系民主化给世界带来新的发展机遇，以多边主义为基础的国际组织成为重要的行为体，在全球及地区的稳定和发展中扮演不可或缺的角色。中国和俄罗斯就是这种新兴力量的代表，两国都提出了处理国际关系的新原则、新理念。中国领导人顺应滚滚向前的时代潮流，提出推动建设相互尊重、公平正义、合作共赢的新型国际关系，为长期倡导的和平共处五项原则在新的历史时期注入新的内涵；俄罗斯领导人也主张多极化，坚持独立自主的外交政策，维持自身的大国地位与影响，与中国在国际舞台上开展紧密合作。两国携手推动国际格局向着更加公正合理的方向发展，代表了新兴市场国家和广大发展中国家的利益。

（二）强调尊重联合国权威和国际法准则

2001年7月两国领导人在莫斯科签署《中俄睦邻友好合作条约》（以下简称《条约》），《条约》强调，将努力增强联合国作为由主权国家组成的最具权威性和最具普遍性的国际组织在处理国际事务，尤其是在和平与发展领域的中心作用。习近平主席2020年9月在第75届联大一般性辩论上的讲话中指出，要坚持走多边主义道路，维护以联合国为核心的国际体系。全球治理应该秉持共商共建共享原则，推动各国权利平等、机会平等、规则平等，使全球治理体系符合变化了的世界政治经济，满足应对全球性挑战的现实需要，顺应和平发展合作共赢的历史趋势。

中俄两国领导人对很多国际问题都有着相同或者相似的看法，多次强调要维护和尊重联合国的权威，反对少数大国主宰世界的命运。俄罗斯总统普京2019年12月19日在首都莫斯科举行的年度记者招待会上指出，俄罗斯和中国合作具有重要意义，是推动世界多极化的重要因素。普京说，俄中合作还是保障国际稳定、维护国际法的重要力量。双方将全方位加强战略关系，造福两国人民。普京指出，当前世界形势很复杂，恐怖主义、毒品走私等威胁仍很严重。他说，只有世界所有国家遵循《联合国宪章》中的基本原则，携手合作，才能保证人类和子孙后代拥有和谐的生活。普京还特别否认了俄罗斯要与中国结成"军事同盟"的说法。

（三）倡导不对抗的新型伙伴关系

中俄两国都把实现民族复兴、成为世界上举足轻重的大国作为发展目标。两国之间开创了"结伴不结盟"的新型大国关系模式，双方的战略协作不针对第三方，而且特别强调愿意与其他大国同样建立平等的伙伴关系。中国领导人提出了以"中国梦"为代表的"两个一百年"目标，希望努力营造一个良好的国际环境。2013年3月，习近平主席在莫斯科国际关系学院发表演讲，首次提出"以合作共赢为核心的新型国际关系"的概念。党的十九大报告又指出建设相互尊重、公平正义、合作共赢的新型国际关系的外交基调。而合作共赢就是其中的核心理念。中国领导人还多次提出构建全球伙伴关系网的倡议。

普京于2016年12月利用发表年度国情咨文的机会，一方面强调国内社会稳定发展的重要性，另一方面重申了俄罗斯重塑大国地位的发展愿景。普京表示，俄罗斯并不想对抗，不想四处树敌，"我们需要朋友"，"我们已经准备好参与应对全球的问题"。他同时指出当前国际政治的不合理、不平衡，认为"冷战的教训开始被淡忘"。他强调，俄罗斯与中国的伙伴关系树立了一种国际秩序的典范，即要和谐地考虑所有国家的利益。俄罗斯领导人认为，世界正处在大变局的前夜，很多重大的国际问题正在酝酿，在国际关系方面应该构建各方都能遵守的规则。

（四）携手应对重大全球性危机

中俄两个大国面对全球危机的冲击能够开展紧密合作。两国在2008年国际金融危机爆发以后相互支持，2009年双方签署"世纪合同"，中国向俄罗斯提供250亿美元贷款，俄罗斯20年内向中国提供3亿吨石油。2020年新冠肺炎疫情暴发后，一些美国政客在多个场合试图把疫情政治化，"甩锅"中国，俄罗斯总统普京、外长拉夫罗夫对个别国家企图借疫情对中国污名化、"甩锅"的行径，均明确表达反对立场。俄罗斯总统新闻秘书、驻华大使等官员及有关专家学者也认为应通过公正的科学研究调查真相，不应将疫情用作可能的政治武器。俄罗斯政界、学界人士指出，"五眼联盟"发布的所谓"中国隐瞒新冠肺炎疫情信息的报告"是荒谬的。

2020年3月19日、4月16日和5月8日，在不到两个月的时间中俄两国领导人三次通电话，探讨加强应对新冠肺炎疫情方面的合作，同时表明共同立场，反对把疫情政治化、标签化。两国元首就更好开展疫情防控合作交流协调，正如习近平主席所说，"再次体现了中俄关系的高水平"。中俄双方要探讨在常态化疫情防控中采取灵活多样的新合作方式，推动双边合作不断发展。他说，相信经过疫情考验，中俄战略协作将更加坚韧强大，两国人民友谊必将历久弥坚。普京表示，疫情发生以来，俄中两国始终团结合作，相互支持，体现了俄中关系的战略性和高水平。一些人试图在病毒源头问题上抹黑中方的做法不可接受。俄方愿继续同中方加强抗疫等各领域交流合作，密切在联合国等框架内的沟通配合。

共同促进国际的和平与安全

中俄在结束冷战时期对抗的历史，实现双边关系正常化以后，很快通过谈判解决了边境地区的军事互信和相互裁军问题，共同启动"上海五国"机制和上海合作组织，与中亚国家共同打击"三股势力"和跨境犯罪活动，倡导以合作促安全的新型安全观。到21世纪初又通过谈判，在互谅互让原则基础上彻底解决了历史遗留的边界问题，使两国4300多千米的陆地边界成为和平、友好的新边界。在国际格局急剧变化、非传统安全威胁增大的背景下，中、俄两国作为重要力量，共同维护地区稳定，为地区国家实现共同发展营造了良好的安全环境。

（一）强调吸取大国竞合的经验教训

回顾历史，第二次世界大战爆发的主要原因是当时构建国际安全体系的失败，列强用结盟的方式相互遏制，展开无休止的军备竞赛，希特勒在德国掌权以后甚至提出"要大炮不要黄油"，挑动民族仇恨。《慕尼黑协定》和英、法的绥靖政策，使强权占了上风，最终导致大规模战争的爆发。第二次世界大战胜利前后，国际社会为建立新的安全框架付出了很多努力，做了不少尝试。但冷战时期以美苏为首的两大军事集团的对抗，也造成一些"边缘地带"长期内部不稳定，失去了实现民族和解与自身发展的机会。实践证明，少数大国决定世界的命运，划分"势力范围"，并不能一劳永逸地解决国际安全问题。

2020年是联合国成立75周年，1945年联合国成立以后，各国有了维护自身权利的重要平台，新中国恢复联合国席位和蓬勃发展的"南南合作",使联合国在维护世界和平中的作用和威望不断提升。俄罗斯领导人近期多次建议召开联合国"五常峰会",认为五个常任理事国领导人举行会晤,对维护世界各国的团结,找回第二次世界大战时期"盟国精神"是非常有益的。俄罗斯提议举办联合国安理会"五常峰会",目的是寻求现代社会最复杂问题的解决途径。虽然因疫情难以落到实处,俄罗斯仍希望五国在疫情后能够面对面举办峰会,认为大国之间的充分沟通有助于维护全球的和平。

(二)强调维护全球战略平衡与稳定

进入21世纪以来,一方面和平与发展仍然是世界的主题,另一方面局部流血冲突时有发生,极端主义、恐怖主义不断蔓延,国际安全形势持续复杂化。2020年新冠肺炎疫情在全球暴发后,在欧亚多地的武装冲突升级,影响到了地区的安全和稳定。大国的地缘政治博弈升级导致力量对比失衡,"代理人"战争频发,不少地区冲突的背后都有大国对抗的因素。

2016年11月,普京在索契主持一次会议时说,20世纪四五十年代形成的战略力量平衡,使世界得以避免发生大规模武装冲突。试图改变、破坏这种战略力量平衡极其危险。俄将继续做出一切必要努力保证战略力量平衡,有效消除俄面临的任何军事安全威胁,包括建立战略导弹防御系统、实施"全球打击"构想以及发动信息战带来的威胁。

中国和俄罗斯两国领导人充分认识到维持全球战略平衡的重要性和必要性，2016年6月和2019年6月分别在北京、莫斯科两次发表加强全球战略稳定的联合声明，强调鉴于国际安全环境更趋复杂，面临严峻挑战，双方决心深化战略互信，加强战略协作，坚定维护全球和地区战略稳定。声明指出，个别国家为谋求军事领域战略优势，意图实现"绝对安全"，获得不受限制的向对手进行军事政治施压的能力，正肆意破坏稳定维护机制。双方强调维持良好大国关系对解决全球战略性问题的重要性，大国对国际安全和全球战略稳定负有重要责任，应通过对话磋商解决彼此关切，增进互信水平，避免战略误解和误判。

（三）共同阻止个别大国的单边主义行为

近些年来，美国出于自身地缘政治甚至商业利益考虑，按照自身需要肆意退出国际条约，破坏或改变现行军控和防止大规模杀伤性武器扩散体系，这种行为恶化了全球和地区的安全形势。继2017年退出《巴黎协定》、2018年退出《伊朗核协议》以后，美国2019年又宣布退出《中导条约》《武器贸易条约》，还阻挠《禁止生物武器公约》核查议定书谈判，在单边主义道路上越走越远。2019年美国军费高达7000多亿美元，占世界军费总开支的近40%，超出排在美国之后的10个国家军费开支的总和。

中俄两国则充分体现了大国的责任担当，在多边框架内反复强调，希望能够签署新的军控条约，防止出现新的军备竞赛。2015年发表的《中国的军事战略》白皮书强调，中国不与任何国家进行核军备竞赛，核力量始终维持在国家安全需要的最低水平。2020年9月，普京以视频连线形式出席第75届联合国大会相关活动时说，尽管俄罗斯与合作伙伴有争议，但俄仍愿为地区冲突的解决发挥建设性作用，与合作伙伴就能够影响全球战略安全的问题开展深入对话。他呼吁美国与俄积极合作解决延长《削减进攻性战略武器条约》的首要问题，并希望美国与俄一样在部署新型导弹系统方面持克制立场。

共同维护多边主义和多边合作体制

近20年来世界发生了很大变化，出现了很多新的趋势，其中包括多边主义和以其为基础的多边体制的发展。经济和技术的进步，使国与国之间的交往更为便利，相互依存的程度不断加深，"你中有我、我中有你"不仅体现在经济、贸易领域，也体现在文化、科技等领域，体现在各国面临很多共同的发展和安全课题。而倡导多边主义原则和建立多边合作机制，有助于共同应对全球和地区的挑战，包括这次严重的新冠肺炎疫情。

(一) 强调多边体系的重要性

20世纪30年代，正是因为缺少成熟稳定的多边体制，导致第一次世界大战后的国际秩序很不合理，巴黎和会被称为"分赃大会"，少数战胜国仅仅出于满足本国狭隘利益的需要，瓜分战败国的权益，重新划分"势力范围"，被批评为"强权战胜公理"。当时形成的凡尔赛—华盛顿体系和1920年成立的国际联盟难以真正体现多边原则，在经济危机带来的大萧条之后对法西斯主义的膨胀难有作为，最终欧洲的局势失控。

世界大战的硝烟，让人类社会格外珍视来之不易的和平，为开展密切的经济和人文交流创造了前提。21世纪世界面临百年未有之大变局，机遇和挑战并存，人类历史又到了一个非常重要的十字路口。中国领导人提出树立人类命运共同体意识，并被正式写入联合国文件，中国推动区域融合，提出"中国智慧"和"中国方案"。俄罗斯也积极推动多边外交，致力于后苏联空间的一体化，重构经济、安全合作体系。继独联体、欧亚经济共同体、集体安全条约组织以后，2016年普京又提出建立"大欧亚伙伴关系"的倡议，准备以欧亚经济联盟为核心，与欧洲、亚洲的多边组织发展合作关系。

此次疫情过后，一方面多边主义原则将得到更多国家的认同，各国通过多边合作促进经济的恢复，另一方面少数国家的单边主义、排外情绪也将甚嚣尘上。中俄更要努力维护多边主义和多边体系，为新兴市场国家和发展中国家赢得平等的发展机遇。

（二）在多边组织和机制内密切合作

多边主义虽然产生较早，但真正对国际关系发挥重大作用是在第二次世界大战以后，特别是冷战结束后两极格局瓦解，多边合作的重要价值日益彰显。中俄都是多边主义的维护者和践行者，在上海合作组织、G20、金砖机制等多边框架内开展合作。上合组织成立于2001年6月，前身是"上海五国"机制，扩员后有8个成员国，包括中、俄、印等大国；金砖机制是根据俄罗斯的倡议，于2006年举行首次外长会议，2009年在俄罗斯的叶卡捷琳堡举行首次领导人会晤，并且和当年的上合组织峰会"套开"，体现了中俄在建立新型多边框架方面能够紧密合作。中俄还同为亚太经合组织、亚信会议等对话机制的成员国，在推动地区经济和安全对话方面发挥积极影响。

由于中俄两个大国的地区利益有一定差异，参与的多边机制及出台的多边合作计划经常有"交叉"，为避免出现竞争或者"对冲"，双方创造性地提出，要实现两国重大倡议和发展战略的对接合作。在中国领导人2013年提出"一带一路"倡议后，2015年两国领导人签署"一带一路"与欧亚经济联盟对接合作的声明。2016年普京在圣彼得堡经济论坛上提出"大欧亚伙伴关系"倡议，中俄两国又积极在"一带一路"和"大欧亚伙伴关系"两大倡议框架下寻求建立全面伙伴关系，认为两者并行不悖，可以进行良性互动。

（三）共同推动完善全球和地区治理体系

随着形势的发展变化，一方面各种各样的国际组织和多边机制在全球治理、地区治理中扮演的角色越来越重要，另一方面美国的"退群"也使得多边合作的进程受到干扰。一些出于地缘政治目的建立或启动的多边机制或合作框架，不仅没有促进地区的发展和稳定，而且造成了新的矛盾和对抗。

全球治理体系是一个复杂的体系和框架，包括共同接受的价值体系、规则体系和制度体系，以及各种各样的国际合作机制和平台。全球合作应当超越国家、种族、宗教、意识形态、经济发展水平的差异；建立维护国际社会正常秩序，实现和平共处的规则体系，包括用以调节国际关系和规范国际秩序的所有跨国性的原则、规范、标准、政策、协议、程序等。全球治理的主体既包括各国政府、政府部门，也包括各种国际组织以及跨国民间组织和团体；其客体是已经影响或者将要影响全人类的、很难依靠单个国家得以解决的跨国性问题，包括全球和地区的安全、生态、经济问题，以及跨国犯罪等。

中俄秉持开放的合作原则，在各个国际场合提出完善全球治理体系的积极倡议，与其他国家和国际组织开展合作，也鼓励民间交流，主张国际社会共同努力，解决紧迫的跨国问题，通过平等协商解决国与国之间的分歧和矛盾。

（四）共同推动上合组织的发展

作为两个具有全球影响力的大国，中国和俄罗斯一直强调要维护多边体制的稳定性，在一系列国际组织中开展密切合作与互动，反对单边主义和所谓的"本国优先"。中俄认为，有效的多边机制是保障各国平等发展利益以及维护地区、国际和平的重要手段。作为两国战略协作伙伴关系在地区层面的延伸和扩展，上合组织得以应运而生，并且不断增强国际影响。

2020年9月，普京在同上合组织成员国外长举行视频会议时说，欧亚地区和相邻地区的安全形势仍是上合组织重点关注的问题之一。阿富汗局势仍比较紧张，中东和北非地区的冲突未止，恐怖主义、毒品走私、有组织犯罪和网络攻击行为带来严重威胁。上合组织各成员国应继续加强协作，为克服疫情在政治、经济、社会等领域带来的影响而努力。11月的元首视频峰会上，普京强调尽管受疫情影响，俄罗斯作为主席国还是主办了60多场成员国共同参与的活动，上合组织保持了互动的质量。9月的上合组织国防部部长会议，俄方邀请集体安全条约组织和独联体成员国的国防部部长同时参加，扩大了军事领域的对外交往。他认为全球和地区的安全形势依然复杂，成员国要加强合作。

习近平主席在 2020 年 11 月 10 日举行的上合组织第二十次元首理事会会议上发表视频讲话，特别强调"上海精神"的时代意义，为构建上合组织命运共同体提供指导，进而提出成员国共同构建卫生健康共同体、安全共同体、发展共同体和人文共同体等重大倡议。

结语

中俄在完善全球治理体系方面开展合作，首先是促进不同国际关系主体之间实现对话与合作，避免产生正面冲突；其次是中、俄两国以及其他国家都认识到在重大危机和挑战面前，各国应积极谋求实现共同利益；再次是国际事务不能少数国家说了算，出现矛盾要通过对话和政治方式寻求解决。全球治理包括很多主体和层次，在不同的领域有不同的合作方式，是一个动态的复杂过程，包括很多层次和领域的问题。对于中俄来说，要在信任和互利的基础上，协调彼此的目标与偏好。在具体的实践中应该双边和多边相结合，从携手开展双方利益关切更为集中的地区治理入手，与全球问题相配合，推动国际关系实践的正常发展。

中俄两国在完善和改革当前的全球治理体系方面开展合作，主要针对以下问题：一是保证各民族国家在全球治理体系中都能处于平等的地位，要努力缩小富国与穷国、发达国家与发展中国家的经济差距，在国际政治舞台上能够相互尊重，发挥相同的作用；二是反对个别大国奉行的单边主义国际战略，认为这种思维方式和做法对全球治理造成了直接的影响；三是努力完善目前已有的国际治理规制，提高其权威性；四是发挥联合国等全球组织在完善全球治理体系方面的特殊作用，树立和尊重联合国在国际事务中的权威，以联合国的宗旨和原则为核心解决地区冲突问题；五是全球治理和地区治理相结合，中俄致力于打造新型区域合作模式，在欧亚大陆开展广泛合作，首先在一些重大的地区问题上达成共识；六是积极推动全球治理机制的改革和完善，增强其协调、管理、处置、应对现实危机的能力，使其更能够体现民主原则，有助于推动国际关系的民主化。

毋庸讳言，中俄在全球和地区治理方面的政策主张和利益诉求也有一定的差异，俄罗斯需要处理的冷战遗产更多；中国是崛起的发展中大国，参与国际事务和多边外交的历史较短；双方有不同的国际政治思维，在地区和周边有不同的战略目标。由于双方能够平等协商，重视政策沟通，使战略互信的水平不断提升。在完善全球治理问题上，中俄都认为应当通过加强国际协调来应对日益增多的全球性挑战和威胁；应当反映新兴市场国家和发展中国家群体性崛起的国际政治现实；应当改革和完善全球治理，应体现由各国共同维护普遍安全，共同分享发展成果，共同掌握世界命运。单边主义没有出路，多边主义才是破解全球治理赤字的正确选择。

促进理念沟通，加强中俄政治互信

庞大鹏

中国社会科学院俄罗斯东欧中亚研究所副所长

庞大鹏

研究员，博士生导师。现任中国社会科学院俄罗斯东欧中亚研究所副所长。研究领域为比较政治学、俄罗斯政治。

中俄建交已逾70年。70年来世界发生了根本变化,中俄两国面貌也发生了根本变化。但无论国际风云如何变幻、国内政治如何变化,中俄双方都已从70年双边关系的曲折历程中得出明确结论:"合则两利,斗则两伤。"中苏对抗的20年就是两国落后于世界的20年。"邻居不可选择",这是苏联解体以来中俄关系发展的基本逻辑框架。实践证明,中俄建立和发展战略协作伙伴关系,不仅为两国人民带来了实实在在的利益,也有利于世界的和平与发展。新的历史条件下,双方应继续促进中俄在双边关系与重大问题上政治理念的契合与融通,致力于进一步发展和巩固平等信任、相互支持、共同繁荣、世代友好的中俄全面战略协作伙伴关系。

独立自主的政治理念推动中苏关系向中俄关系顺利过渡与提升

20世纪90年代,随着冷战结束、两极格局瓦解,各种力量重新分化组合,世界朝着多极化方向发展,国际环境表现出不同于冷战时代的新特点。邓小平提出了"冷静观察、稳住阵脚、沉着应付、韬光养晦、有所作为"的应对方针，使中国在纷繁复杂的国际环境中坚持走中国人民自己选择的道路，保持国家的稳定和经济高速发展，灵活地处理了复杂的国际关系。

中国以共同利益为基础，以互不对抗为前提，以不结盟、不针对第三国为要求，以接触与对话为形式，以协商与合作为目的，切实地发展中国与包括俄罗斯在内的其他一切国家之间的良性互动的双边外交关系。1991年12月25日，苏联宣布解体。俄罗斯成为苏联的继承国，中苏关系变成了中俄关系。12月27日，中国代表团到达莫斯科。中俄双方达成下列协议：两个《中苏联合公报》规定的基本原则仍是中俄两国关系的指导原则；中苏签署的条约和外交文件继续有效；中苏间正在进行的两个谈判，即边境地区裁减军事力量和加强军事领域信任的谈判、边界谈判，将继续进行下去。

1992年12月17—19日，时任俄罗斯总统叶利钦访问北京。中俄双方发表了《关于中华人民共和国和俄罗斯联邦相互关系基础的联合声明》，两国宣布"互视为友好国家"。此后，两国在政治、经济、军事、科技和文化等各个方面的交往日益活跃。1994年9月2—6日，江泽民访问俄罗斯。双方宣布两国关系为"面向二十一世纪的建设性伙伴关系"，其内涵是：中俄睦邻友好关系不因国际和两国国内形势的变化而变化，具有长期性和稳定性。访问期间，双方还签署了《中俄国界西段协定》。

1996年4月24—26日，叶利钦再次访问中国。双方把两国关系又提高到"平等与信任和面向二十一世纪的战略协作伙伴关系"。中俄战略协作伙伴关系的核心是：两国为维护自己的国家主权、领土完整和民族尊严，为加强两国的全面合作，实现共同发展，为推动世界多极化、民主化和建立公平合理的国际政治经济新秩序而密切合作。会晤期间，中国、俄罗斯、哈萨克斯坦、吉尔吉斯斯坦和塔吉克斯坦五国（"上海五国"）元首签署了《中华人民共和国和俄罗斯联邦、哈萨克斯坦共和国、吉尔吉斯斯坦共和国、塔吉克斯坦共和国关于在边境地区加强军事领域信任的协定》，从而为中国与这些国家边境地区的非军事化和透明化奠定了政治和法律基础。

可见，1991年苏联解体后，面对复杂的国际和国内形势，中俄加强政治理念沟通，排除了各式各样的干扰，克服了面临的种种困难，不断加强政治互信，按既定的方向稳步地向前发展。1992—1996年，中俄关系连续上了三个台阶：从"友好国家"发展到"建设性伙伴关系"，然后又发展到"战略协作伙伴关系"。2011年中俄双方建立平等信任、相互支持、共同繁荣、世代友好的全面战略协作伙伴关系。

随着中俄全面战略协作伙伴关系的构建，中俄关系在理念共识与机制建设上取得重大进展。

一是实现了两国元首、议长、总理会晤和其他有关部门交往的制度化、机制化。两国各个层次、各种渠道的经常对话，特别是领导人之间的高层接触和磋商对推动两国关系的发展、深化和加强各个领域的合作，发挥着决定性的作用。

二是2001年7月16日，《中俄睦邻友好合作条约》签署。条约概括了过去十年中俄关系的主要原则、精神和成果，将两国长期睦邻友好、互利合作的关系用法律形式巩固下来，是指导2020年以前中俄关系发展的纲领性文件。

三是在中俄两国的推动下，"上海五国"元首从1996年开始举行定期会晤。2001年6月，"上海五国"和乌兹别克斯坦六国元首宣布成立"上海合作组织"。

四是彻底解决了两国边界问题。2004年10月14日，双方签署了《中华人民共和国和俄罗斯联邦关于中俄国界东段的补充协定》，连同《中华人民共和国和苏维埃社会主义共和国联盟关于中苏国界东段的协定》《中华人民共和国和俄罗斯联邦关于中俄国界西段的协定》一起，将长达4300多千米的中俄边界线走向全部确定下来。

五是在国际上密切协作。1997年和2005年，两国元首两次专门就国际形势发表联合声明。在推动世界多极化、民主化，维护世界和地区的和平与稳定方面，在涉及各自核心利益的问题上，两国相互借助，相互支持。

总之，苏联解体以来，中俄相互尊重对方人民的自由选择，互不干涉内政。中俄两国领导人反复声明，每个国家的人民有权从自己的国情出发，在没有外来干涉的情况下，独立自主地选择社会制度、发展道路和模式。中俄这一立场既不同于 20 世纪 60—70 年代中国和苏联争当马克思主义"正统"，指责对方是"修正主义"和"教条主义"，也不同于现在美国对外输出"民主"，以"人道主义"为借口，干涉别国内政。相互尊重和平等相待体现了民主和包容的精神，在相互交往中，各自保持了自己的尊严，平等信任。

中国特色大国外交的理念提升全面战略协作伙伴关系进入新阶段

党的十八大以来，以习近平同志为核心的党中央纵览国际形势全局，探索出一条成功的中国特色大国外交之路。中俄关系作为中国外交的优先方向，通过两国元首高瞻远瞩的战略引领和顶层设计，取得了长足发展。

2013 年，习近平当选中国国家主席后，普京总统是与习近平主席通话的首位外国元首，俄罗斯也是习近平主席出访的首个国家，此访成功开启了中俄关系发展的新篇章。2013 年 3 月 22—24 日，国家主席习近平对俄罗斯进行国事访问，标志着平等信任、相互支持、共同繁荣、世代友好的中俄全面战略协作伙伴关系提升至新阶段。两国元首批准了《〈中俄睦邻友好合作条约〉实施纲要（2013年至2016年）》，签署了《中华人民共和国和俄罗斯联邦关于合作共赢、深化全面战略协作伙伴关系的联合声明》，宣示了中俄在两国战略协作及重大国际问题上的立场主张。

中俄全面战略协作伙伴关系进入新阶段的时代背景是中俄都处在民族复兴的重要时期，两国关系已进入互相提供重要发展机遇、互为主要优先合作伙伴的新的历史时期。而且，实现民族复兴的战略任务决定了创造经济发展所需要的良好外部环境是中国和俄罗斯的重中之重。中俄是毗邻而居的核大国，双方如果不能建立睦邻友好关系，就不可能实现自己的战略任务。

在习近平主席的这次访问中，中俄双方在联合声明中重申：双方支持对方自主选择发展道路和社会政治制度的权利，在涉及对方主权、领土完整、安全等核心利益问题上相互坚定支持。俄罗斯治国理政的意识形态基础——"主权民主"思想认为，俄罗斯的发展必须考虑本国的历史传统和民族特点。这同中国一贯坚持的原则是一致的。中俄两国都认为，每个国家的人民有权从自己的国情出发，在没有外来干涉的情况下，独立自主地选择社会制度、发展道路和模式。

尤其在涉及国家主权、领土完整等国家核心利益问题时，中俄双方一直相互支持。例如，中国支持俄罗斯打击车臣分裂主义势力、维护国家统一所采取的行动，对俄罗斯加强同独联体国家关系的政策表示理解和支持。俄罗斯完全支持中国在台湾问题上的立场，强调台湾是中国领土不可分割的一部分，反对任何形式的"台湾独立"，反对外部势力干涉台湾事务。

可见，在发展道路的根本问题上，中俄两国政治理念共识不断加深，对于加强相互信任，夯实战略协作伙伴关系的价值基础具有重要意义。

政治共识之一是关于国际新秩序的内涵。中俄战略协作伙伴关系的核心任务之一是建立后冷战时代的有利于和平与发展的国际新秩序，因此中俄通过讨论达成共识，目的在于增强政治互信，维护两国共同的利益，建立两国在一系列国际与地区安全问题上的理论共识和价值共识。在习近平主席此次访问中，中俄双方就建立一个什么样的国际新秩序达成共识：遵循平等互信、包容互鉴、合作共赢的原则，携手促进和平与稳定，推动共同发展与繁荣，建设公正、民主、和谐的世界秩序。遵循《联合国宪章》的宗旨和原则，坚持国家不分大小、强弱、贫富一律平等，推动国际关系民主化，反对各种形式的霸权主义和强权政治。

政治共识之二是关于新安全观的理念。在维护国家和地区安全方面，中俄摒弃了传统思维，不再走扩充军事力量、建立军事同盟的老路,而是树立以互信、互利、平等、协作为核心的新安全观。在联合声明中,中俄双方表示,推动建立以互信、互利、平等、协作为基础的普遍平等、不可分割的新安全观,坚持用和平方式而不是战争手段解决国际争端和冲突。中俄在联合声明中指出,深化在反导问题上的相互理解、协调与合作,呼吁国际社会成员在反导部署以及开展反导合作问题上慎重行事,反对一国或国家集团单方面、无限度地加强反导,损害战略稳定和国际安全。深化区域合作是巩固世界多极化的关键因素。双方认为,应团结各方力量,共同应对全球和地区问题,维护地区和平与稳定,促进地区共同发展。

2014年新年伊始,习近平主席应邀赴索契出席冬奥会开幕式,开了中国国家元首赴境外出席大型国际体育赛事的先河。2015年5月,中俄签署联合声明,开启丝绸之路经济带建设与欧亚经济联盟建设对接合作进程。2015年中国人民抗日战争暨世界反法西斯战争胜利70周年之际,两国元首分别赴对方国家出席"5·9"和"9·3"庆典活动,进一步彰显双方共同维护第二次世界大战胜利成果和以联合国为基础的战后国际秩序的坚定决心。普京总统2016年6月访华期间,两国元首签署并发表三份重量级联合声明,彰显了中俄在一系列重大双边和国际地区问题上的一致立场,成为国际外交实践中的佳话。

2017年5月,普京总统应邀来华出席"一带一路"国际合作高峰论坛，明确表示支持并愿积极参与"一带一路"建设，释放了中俄共同推动建设开放型世界经济的有力信号。作为全面战略协作伙伴，中俄在处理重大国际问题时，都将与对方的沟通协作摆在优先位置。中俄战略协作在妥善解决国际热点问题上所发挥的"稳定器"作用正在不断凸显。

总之，党的十八大以来，中俄持续深化理念沟通，不断巩固政治互信。中俄全面战略协作伙伴关系深化的过程同时也是中俄新型国家关系形成的过程。中俄新型国家关系不仅符合两国人民的根本利益，而且在当代国际关系中成为处理邻国之间以及大国之间关系的典范。

中俄新时代全面战略协作伙伴关系新内涵

2019年6月习近平主席访俄，宣告中俄战略协作伙伴关系进入新时代，正是对"邻居不可选择"这一逻辑框架的新阐发，在复杂变化的国际形势下赋予两国关系以更为宏阔的新定位、新内涵，也必将开创双方睦邻友好合作的新局面。

新时代的中俄关系具有新内涵，这在中俄《关于发展新时代全面战略协作伙伴关系的联合声明》中已做出明确概括。

第一,在"大安全"理念下将支持对方的发展道路提升到加强政治安全合作高度。

2001年签署的《中俄睦邻友好合作条约》第三条规定,"双方相互尊重对方根据本国国情所选择的政治、经济、社会和文化发展道路,确保两国关系长期稳定发展"。中俄始终认为,之所以要尊重各自在实践中摸索出的适合自身特点的发展道路,是因为这是人类社会的共同财富。

国际金融危机以来,各种发展模式之间的竞争日益具有普遍性。俄罗斯外交部部长拉夫罗夫曾指出,现代国际关系的范式是一种广义上的竞争,其对象是价值观和发展模式;只有加强相互理解,才能在各自的国家发展战略规划及双边合作战略规划的制定和实施过程中,加强配合与协作。在新的国际背景下,发展道路问题事关中俄各自发展前景,也与两国主权和国家安全息息相关。在总体国家安全观的统领下,政治安全已上升为中国的首要国家安全。因此,《关于发展新时代全面战略协作伙伴关系的联合声明》就指出,"守望相助,相互给予更加坚定有力的战略支持,支持对方走自身发展道路和维护本国核心利益,保障两国各自安全、主权和领土完整"。

不仅如此,发展道路问题对于中俄关系的发展也有特殊意义。中俄关系是一对特殊的大国关系,只有加深对彼此发展道路的理解,睦邻友好才能持久。近代以来,尤其是20世纪上半叶,没有一个国家能像苏联那样,对中国的发展道路产生巨大而深远的影响。同样，中国发展道路以及外交思想的变化也对苏联和俄罗斯的战略选择产生了重大影响。知史鉴今，当前，中俄在实践中都已摸索出适合自身国情的发展道路，双方应在变化的世界中继续尊重对方的发展道路，交流发展经验，相互借鉴发展模式，促进中俄关系向前迈进。

第二，在全面战略协作的基础上，继续致力于在新时代构建人类命运共同体。

《关于发展新时代全面战略协作伙伴关系的联合声明》指出，新时代的中俄关系，要坚持"普惠共赢，进一步团结其他观点一致国家，维护以《联合国宪章》宗旨和原则为核心的国际秩序和国际体系，推动建设相互尊重、公平正义、合作共赢的新型国际关系，推动构建人类命运共同体"。

中俄两国独特的睦邻友好关系已是当今世界构建新型大国关系的典范。其一，中俄具有坚实的战略共识：世代友好，永不为敌。两国不结盟、不对抗、不针对第三方、不搞意识形态化。其二，中俄对世界格局的基本原则持有相同的战略立场。其三，两国都面临着同样的任务：实现民族复兴，彼此之间不存在有碍于互利合作的政治问题。基于这些，新时代的中俄关系存在着相互促进与合作的宽广领域，应在全面战略协作的基础上继续致力于构建人类命运共同体。中俄继续致力于构建人类命运共同体，是指着眼于各自和平发展，联手建立和维护有利于两国发展的国际与地区环境；是指两国在地区事务的合作中彼此不谋求单方获益，而是追求有利于两国共同发展的双赢结果；是指双方努力为国际社会共同的稳定与繁荣做出自己的贡献和承担更大的责任，意味着与国际社会的进一步合作。这一方针特别有益于指导双方在上海合作组织框架下的合作。

第三，新时代的中俄关系也需要双方有所妥协和相互让步，在区域一体化过程中彼此独立而又同时发展。

《关于发展新时代全面战略协作伙伴关系的联合声明》（以下简称《联合声明》）指出，新时代的中俄关系需要"深度融通，就国家发展战略对接进行密切协调和战略协作，拓展经贸和投资互利合作"。这一新内涵与当前中俄关系的核心双边议程，即欧亚经济伙伴关系有关。《联合声明》第三部分明确指出：俄方支持"一带一路"倡议，中方支持在欧亚经济联盟框架内推动一体化进程。双方在推进"一带一路"建设与欧亚经济联盟对接方面加强协调行动。中方支持建设大欧亚伙伴关系倡议。双方认为，"一带一路"倡议同大欧亚伙伴关系可以并行不悖，协调发展，共同促进区域组织、双多边一体化进程，造福欧亚大陆人民。

《联合声明》第四部分谈到务实合作时再次强调：积极推进"一带一路"建设与欧亚经济联盟对接。推动在中华人民共和国政府同欧亚经济委员会间建立有效对话机制。切实推动符合中国、欧亚经济联盟及其成员国利益的优先项目。确保2018年5月17日签署的《中华人民共和国与欧亚经济联盟经贸合作协定》早日生效并启动实施。双方主张启动中俄《欧亚经济伙伴关系协定》谈判。

这是以政府间公报的形式确认新时代中俄关系在欧亚一体化构建过程中所要遵循的基本原则与基本理念。俄方对于中国在欧亚地区的一体化政策一度持怀疑态度。而中国建设"一带一路"着眼的是整个欧亚大陆的经济合作，如果没有俄罗斯的参与和支持，前景将大打折扣。从此意义上讲，充分利用两国战略协作的沟通机制，消除政治疑虑，才能真正实现利益共同体的目标。

2020年年初以来，一场突如其来的新冠肺炎疫情席卷全球，给许多国家和人民带来严重的生命财产损失。当前，新冠肺炎疫情仍在全球蔓延，世界经济遭遇重大冲击，全球治理机制面临严峻挑战；但是，和平与发展、合作与共赢仍是不可逆转的时代潮流。中俄双方坚持深挖合作潜力，把合作重点放在关键行业生产恢复、保证医疗防护装备与基本生活必需品供应，以及事关就业和民生大局的关键领域，并积极推动后疫情时代区域经济复苏和繁荣发展。面对疫情冲击，中国—中亚—欧洲铁路国际货运在生活用品和防疫物资运输中发挥了重要作用。未来中俄双方在上合区域将加快运输"绿色通道"建设，进一步发挥上海合作组织实业家委员会和上海合作组织银行联合体作用，有效促进成员国间双边和多边合作，推动释放区域内各领域合作潜力，推动实现地区经济复苏和经济社会长期可持续发展。在两国元首的战略引领下，中俄新时代全面战略协作伙伴关系稳定、牢固、坚韧，具有强大生命力和抗压能力，能够经受住各类风险挑战的考验。中方珍视两国高水平的政治互信和战略协作，将继续同俄方共同努力，推动两国关系不断取得新进展。

总之，相邻国家间的关系，特别是相邻大国间的关系，会对一个国家的安全和发展产生重大影响，有时可以是决定性的影响。中俄关系的历史发展已经并将继续证明这一点。中俄双方多次公开表示，一个高水平、强有力的中俄关系，不仅符合双方利益，也是维护国际战略平衡和世界和平稳定的重要保障。中俄新型国家关系不仅符合两国人民的根本利益，而且在当代国际关系中成为处理邻国和大国之间关系的典范。2021年是《中俄睦邻友好合作条约》签署20周年。中俄智库界将继续紧密合作，助力中俄积极发挥负责任大国的引领作用，为推动地区与世界繁荣发展，为构建人类命运共同体贡献更多智慧和力量。

新世纪，新现实

伊·谢·伊万诺夫

俄罗斯国际事务委员会主席
俄罗斯外交部长（1998—2004 年）
俄罗斯科学院通讯院士

伊戈尔·谢尔盖耶维奇·伊万诺夫

特命全权大使，教授，俄罗斯科学院通讯院士。曾先后担任苏联和俄罗斯驻西班牙特命全权大使、俄罗斯外交部长（1998—2004 年）、俄罗斯安全会议秘书。现任俄罗斯国际事务委员会主席。

杰出的俄国诗人谢尔盖·叶赛宁写道："脸对着脸，面容难辨，大事远看才可见。"二十年前，当俄罗斯总统普京和时任中华人民共和国主席江泽民签署《俄中睦邻友好合作条约》（以下简称《条约》）时，几乎没有人能预测到，21世纪的最初二十年将是如此复杂、矛盾和危机重重。

俄罗斯和中国作为平等的战略伙伴跨入了21世纪。两国将其对国际关系未来的共同看法以及尊重彼此的国家利益及选择的发展模式作为《条约》的基础。这份具有历史意义的文件的价值逐年增长，成为在这个瞬息万变、难以预测的世界上维护稳定的主要因素之一。如果没有这一《条约》，很难说世界政治会是什么样子，但有一点是很明确的：那个世界会比今天更加危险，更不稳定。

当然，莫斯科和北京达成的系统化协议的可持续性并非偶然。该《条约》是全面了解双边关系的历史教训、客观分析现阶段国际关系发展的特点以及两国所面临的为改善人民福祉而改革社会经济结构等任务的产物。这份文件立足长远，不针对第三国，也不追求战术性的短期目标。

《条约》规定了构建双边关系的基本原则，反映了双方将两国关系提高到一个全新水平、让两国人民之间的友谊代代相传的政治意愿。虽然自《条约》签署以来，世界政治经历了重大的、在某些方面甚至是根本性的变化，但这份文件完全没有过时，仍然发挥着全球稳定基石的作用。

自《条约》签署以来已经过去二十年了，当下有充足的理由对其基本条款的实际执行情况进行盘点并对该文件对于俄中关系以及世界其他地区的现实价值作出评价。这些基本条款都是什么？它们对当今世界政治的原则性意义体现在哪里？

第一，《条约》指出，俄罗斯和中国承诺在两国关系中坚持互相尊重主权和领土完整，互不干涉内政，尊重双方根据本国国情所选择的政治、经济、社会和文化发展道路的原则。

鉴于过去那些痛苦的经验，这个看起来具有通用意义的原则对我们两国的合作至关重要。以往在双边关系框架内总有人试图把意识形态定式乃至各种政治、经济建设模式强加给自己的伙伴。当然，这种令人遗憾的做法已经成为过去，但必须从历史中吸取正确的教训，以免重蹈覆辙。

在《条约》中确定的这一原则在今天尤其具有现实意义，因为在当前全球地缘政治竞争的背景下，西方主要国家粗暴破坏公认的国际法准则，肆无忌惮地干涉主权国家的内部事务，将外来的社会和政治发展模式强加于这些国家。在此背景下，俄罗斯和中国作为负责任的国际社会成员，身体力行地展现对发展国际合作的基本原则的尊重。

许多多边团体和组织，比如上海合作组织或金砖国家集团，都愿意借鉴俄中发展双边关系的经验，这并不是偶然的。

第二，俄罗斯和中国承诺在相互关系中不使用武力或以武力相威胁，也不相互采取经济及其他施压手段。双方还约定互不首先使用核武器，也互不将战略核导弹瞄准对方。

不必说，这种立场不仅符合两国的长远利益，而且是维护国际稳定的一个重要因素。可以毫不夸张地说，俄中边界的彻底非军事化是近几十年来裁军领域所取得的最令人印象深刻的成就。当美国和其他一些西方国家毫不顾忌地对包括其盟友在内的其他国家以各种形式公然施压、讹诈和进行威胁时，俄罗斯和中国却为大国之间应该如何彼此相待以及如何与其他国家交往树立了榜样。

第三，为了增强互信，俄罗斯和中国商定扩大和深化在军事领域的合作，以加强自身安全、维护地区和国际稳定。俄中两国宣布不会参加任何联盟或集团，也不会采取任何其他可能损害对方主权、安全和领土完整的行动，包括与第三国缔结条约。

二十年前，许多怀疑论者和不怀好意的人断言，这些承诺只是一纸空文，莫斯科和北京之间的互不信任将以某种方式持续下去，两国利益的分歧将不可避免地在双边关系中制造紧张气氛甚至引发危机。可是结果又如何呢？俄罗斯总统普京在2019年发表的关于俄方正在帮助中国建立导弹预警系统的声明中有力地证明了这些说法是毫无根据的。众所周知，此前只有俄罗斯和美国拥有这种预警系统。

俄罗斯和中国在发展军事合作时一再强调，这种合作不针对第三国。而且很显然，我们两国将继续推进军事合作以便迅速和适度地应对安全领域的挑战与威胁。俄中在建立导弹预警系统方面的相互协作是对新的安全威胁作出的明确回应，特别是对华盛顿在东亚地区部署中、短程导弹图谋的回应。

第四，俄罗斯和中国作为联合国安理会的两个常任理事国，对维护国际和平与安全负有主要责任。两国在《条约》中承诺严格履行《联合国宪章》以及他们加入的其他国际条约所规定的各项义务。双方同意共同努力维护全球战略平衡与稳定，全力促成严格遵守确保战略稳定的各项基本协定。21世纪的历史证明了《条约》中这一条款的重要性，特别是在全球和地区范围内国际安全体系都遭到破坏的背景下尤为如此。

《条约》中的这些重要条款在若干单独的文件中进一步完善和具体化。2016年6月，俄罗斯总统普京和中国国家主席习近平发表联合声明，阐述了两国加强全球战略稳定的立场。他们注意到，对战略稳定产生消极影响的令人不安的趋势正在增强。这些危险的趋势主要来自个别国家和军事—政治同盟谋求在军事和军技领域获得决定性优势，以便在国际事务中毫无阻碍地通过使用武力或威胁来实现自身利益。

两国领导人对当前阶段的战略稳定给出了详细的定义，该定义反映了国际关系的总体状况。他们指出，在政治领域，所有国家都必须严格遵守国际法的原则和标准以及《联合国宪章》的规定，尊重所有国家和人民在解决国际和地区热点问题时的合法利益，不干涉其他国家的政治生活。在军事领域，必须避免采取可能被国际社会其他成员视为威胁其国家安全的军事建设举措，并通过积极和建设性的对话化解分歧。

2019年俄罗斯和中国领导人通过了一项新的联合声明，阐明了在当今时代加强全球战略稳定的方针。双方认识到国际安全正遭遇严峻挑战，商定进一步加强互信与战略协作，维护全球和地区稳定。当然，全球战略稳定状态并不仅仅取决于俄罗斯和中国之间的相互协作，但是两国每一次确认其加强战略稳定的共识都对整个世界具有重大的政治心理意义。

第五，《条约》规定俄中两国应联合行动，确立公正合理的国际新秩序，加强联合国在国际事务中的核心作用。确实，二十年前很难预见到，联合国及其机构的作用将会遭受质疑，个别国家会如此频繁地试图绕过联合国采取行动、无视安理会的决定、利用联合国这个平台去实现其自私的宣传目的。

当然，联合国系统在世界政治中的效率在相当大程度上取决于它能从那些地区级的伙伴机构得到多少支持。当前，上海合作组织就是这种地区级伙伴组织的一个范例，它在实践中展示了在维护和平和建立平等、公正的国际政治、经济秩序方面进行合作的可能性和优势。如今上合组织在本地区大受欢迎。由于地区主要国家纷纷加入，它的覆盖范围不断扩大，这使得该组织成为世界政治中最有威望和影响力的中心之一。

俄罗斯和中国在上海合作组织中发挥引领作用。从上合组织这个例子可以看出，两国联手后政策灵活，反应迅速，更易于维护自己的利益。上合组织与其他地区和大洲的机构、组织一起正在为建立新的世界秩序铺平道路。随着时间的推移，这种"集团"能够成为未来世界格局主体结构的基础。由于可以理解的原因，这一过程不可能很快，也不会是一帆风顺的，但它为克服当前世界体系治理方面的危机提供了机会。

第六，双边关系最重要的组成部分是两国之间的经贸往来。正如《条约》所述，这种经贸联系是在互利的基础上不断发展的。在《条约》签署后的二十年时间里，两国之间的贸易额增长到原来的五倍多，超过1000亿美元，而中国在过去十年里一直保持着俄罗斯最大贸易伙伴的地位。尽管由于新冠肺炎疫情的影响，世界经济增长放缓，但俄中双边贸易和投资在总体上仍然保持积极态势。

俄中双边关系整体上具有明确的长期远景是经贸和科

技合作不断向前发展的保障。这使我们能够实施中小型企业与大型企业一起积极参与的重大战略项目，开拓包括电子商务和数字经济在内的新的生产领域。考虑到两国经济天然存在的互补性，双方正在推动"一带一路"倡议和欧亚经济联盟的对接。但也不必夸大已经取得的成绩，我们依然处在这条道路的起点，经济合作的规模还大大落后于两国的实际潜力。然而与二十年前相比，今天我们更有理由对俄中经济关系的前景持乐观态度。

第七，随着两国官方关系的稳步发展，双方在文化、教育、体育、旅游领域以及社会团体之间的交往也在蓬勃展开。如《条约》所述，"巩固两国间各个领域的友好、睦邻与互利合作符合两国人民的根本利益"。今天我们看到，"以人为本"逐渐成为俄中伙伴关系中一个重要和不可或缺的组成部分，但这一进程并没有像我们所希望的那样迅速。在其前进道路上出现了障碍——我们回顾一下尚未结束的新冠肺炎疫情就能理解这一点。然而无可争辩的是，现在俄罗斯人比二十年前更了解中国，而中国人也比二十年前更了解俄罗斯。

俄罗斯总统普京在回答新华社记者提问时对两国关系作了如下描述："简单地称之为战略协作甚至已经不够了。因此，我们开始说它是全面战略协作伙伴关系。'全面'意味着我们几乎要在所有至关重要的领域开展工作。而'战略'则表明我们正赋予它对两国而言极其重要的意义。"

在过去的几十年里，双方共同努力在俄中关系框架内创造了一个独特的多层次协作机制，其中包括国家元首和政府首脑间的定期会晤、外交部部长和其他关键部门首长间的日常联系等。负责具体合作方向的各个政府间委员会长期开展工作，两国议会交流和各地区之间的联系不断发展。看起来，当前俄罗斯和中国在每一个领域都在进行密集、平等和相互信任的对话以及双方都感兴趣的合作。这种合作具有坚实的法律基础，其关键就是2001年签署的《条约》。

2002年我写了一篇关于俄中关系的文章。文中我借鉴中国艺术里的美好形象将两国关系比喻成并排生长的苍松和翠竹。它们是不同的植物，也各不相像，但它们的根系彼此交结，枝干相互支撑，构成一个和谐的生命系统。

俄中两国分属两个各具特色的文明，都对人类发展产生过并将继续产生深远的影响。俄罗斯和中国不仅拥有丰富多彩的历史，而且在当前一代人与后辈子孙面前也肩负着创造一个公正、安全的世界的特殊责任。我们两国对构建全新世界格局的原则和途径有着共同的理解，这个全新世界格局的基础应该是法治和兼顾所有国家的利益。正是这种对未来世界格局的共同看法构成了俄中"平等、信任的伙伴关系和战略协作"的基础。

并排生长的苍松与翠竹是忠诚友谊的象征，它表现出当前俄中关系的实质。俄罗斯总统普京和时任中国国家主席江泽民在签署《条约》时认为，《条约》中规定的原则对于我们两国人民来说都是功在当代，利在千秋。在过去风云激荡的二十年间，《条约》成功地经受住了重重考验。毫无疑问，无论在俄罗斯还是在中国，它仍将具有现实意义且广受欢迎，在实践中显示出两国建立命运共同体的无限潜力和优势。

俄罗斯与中国：奔向未来的双边关系

——庆祝《俄中睦邻友好合作条约》签署 20 周年

伊·弗·莫尔古洛夫

俄罗斯外交部副部长

俄罗斯国际事务委员会主席团委员

伊戈尔·弗拉基米罗维奇·莫尔古洛夫

特命全权大使。曾先后在俄罗斯外交部机关，俄罗斯驻中国、美国、日本使馆工作。历任俄罗斯驻华使馆公使衔参赞、俄罗斯外交部第一亚洲司司长。现任俄罗斯外交部副部长、俄罗斯国际事务委员会主席团委员。

2021 年 7 月 16 日是一件大事的纪念日，这件大事对俄中关系的意义是难以估量的。20 年前，俄罗斯联邦总统普京和时任中华人民共和国主席江泽民在莫斯科签署了《俄中睦邻友好合作条约》（以下简称《条约》），这个条约以法律形式确定了我们两国之间关系的一般提法："世代友好，永不为敌。"

这份极为重要的国际法文件得以签署，无疑是因为 20 世纪 90 年代俄中双边关系的迅猛发展。然而，签署该文件的意义不仅在于这是新俄罗斯历史上首次将同中华人民共和国交往的原则以法律形式固定下来，而且在于确定了一些对于进一步发展俄中两国合作产生重要影响的全新理念。后来依据《条约》起草的数百份双边文件对我们两国在各个领域的联系起着调节作用。

这份文件从法律上确定了以前宣布的政治层面对两国关系的定义——"平等信任的战略协作伙伴关系"，这一定义一直沿用至今，并且其内涵又有所扩展。《条约》确立了以公认的国际法准则为基础的俄中关系基本原则：相互尊重主权和领土完整，互不干涉内政，平等互利，互不使用武力。考虑到两国发展的国内现实和国际环境，这些原则又增添了新的内容。例如，《条约》中写明了双方达成的关于相互支持对方维护国家统一和领土完整、关于互不首先使用核武器和互不将战略核导弹瞄准对方的约定。《条约》还确定了"相互尊重对方根据本国国情所选择的政治、经济、社会和文化发展道路"的原则，这一原则在今天，在世界上那些想方设法将自己的信念和价值观强加给别国的破坏势力仍在频频活动的背景下，更显示出现实意义。

《条约》中值得特别注意的条款是，在出现针对缔约一方的侵略威胁的情况下，缔约双方为消除所出现的威胁，将立即进行接触和磋商。实际上《条约》提出了国与国之间关系的一种新模式：不谋求建立正式同盟，不针对第三国，然而这种模式也规定，双方在对两国具有战略意义的重大问题上要进行十分紧密的协调。

非常重要的是《条约》已经写明，俄罗斯和中国相互没有领土要求，双方决心使两国边界成为永久和平、世代友好的边界。这使两国极为复杂和敏感的边界问题得到彻底解决，也使两国有效的边界合作机制得以建立，这些机制涉及保证边境的稳定、保护两国毗邻地区的生态系统并防止发生自然灾害和技术造成的紧急情况、监测边境地区水质并合理利用跨界水资源、协商解决界河航行问题、协调某些边境地区的发展和跨境交通运输基础设施项目的建设等方面。

所以说，《条约》为俄中两国各项关系在今后长时期的发展奠定了牢固的基础。这份文件（它在某种意义上已经超越了其所处时代）的意义不仅仅限于双边关系范围。今天，可以充满信心地说，《条约》的条款没有过时，而且依然是今后俄中关系的长期可靠基础。

如今两国已经建立了稳定的多级别国家间协作架构，其中起关键作用的是两国领导人的会晤，包括每年安排4—5次"最高层"接触。2019年6月中华人民共和国主席习近平对俄罗斯进行国事访问期间，双方确认：俄中两国全面战略协作伙伴关系进入新时代，这首先是指俄罗斯同中国的合作将会在世界发生种种深刻变化的情况下继续发展。2020年，在因新冠肺炎疫情而受到种种限制的背景下，两国元首仍然通过远程方式继续保持密切交往。

对最高级对话起着有效补充作用的是各个方面的国家间协作模式协调一致的工作，这首先包括两国政府总理定期会晤机制。在这一机制框架内，由两国政府副总理领导的五个政府间合作委员会以及数十个部门间分委会和工作小组高效运转。

俄罗斯联邦委员会和中华人民共和国全国人民代表大会的合作委员会定期开展工作。俄罗斯联邦总统办公厅主任和中国共产党中央委员会办公厅主任保持密切接触。两国战略安全问题高级代表和执法安全合作机制会议主席每年就有关问题进行磋商。

在很大程度上由于《条约》而形成的政治互信的气氛，

使我们两国在军事和军事技术领域的符合双方国家利益的合作进一步加深。两国国防部领导人一直保持密切接触。两国联合进行海上军事演习、反恐演习和首长司令部演习的效果很好。在其他一些重要领域（例如打击国际恐怖主义、有组织犯罪活动和非法移民）的协作也在不断扩大。

《条约》的一个基本准则是双方决心将两国人民之间的友谊世代相传。我们两国曾经是反对德国法西斯主义和日本军国主义斗争中的盟友，都经历了艰难困苦，遭受了最大的人员伤亡。苏联军队击溃了日本关东军，对中国东北的解放做出了巨大贡献。今天，我们和中国朋友对第二次世界大战的起因、过程和后果持有相同的看法，并肩反对篡改历史、美化战争罪犯及其帮凶、歪曲战争结果的种种企图。

俄中两国已就彼此间十分重要的军事纪念问题建立了密切协作。中国政府非常重视维护那些为中国的解放和独立献出生命的苏军战士的陵园和纪念碑。

俄中关系的一个极为重要的组成部分是两国的经贸关系。中国是我们最大的对外贸易伙伴。最近几年双边贸易额快速增长，2018年已超过1000亿美元。2020年，两国的贸易发展受到了新冠肺炎疫情的不利影响，尽管这种影响并不十分严重。我们期待疫情解除后双方的经济合作继续扩大，因为我们两国具有发展贸易协作和投资协作的巨大潜力。

我们已经看到贸易的质量数据逐渐趋好，农产品、化学产品、机械技术产品在俄罗斯出口中所占比重不断加大，服务贸易稳步增长。双方的投资合作目前总共有70个主要项目，总价值为1200亿美元。

俄罗斯和中国正在有步骤地进行用本国货币实现双边贸易结算的工作，这将使两国摆脱第三国金融政策的影响并保证各项交易中银行服务的顺畅。

互利共赢的广泛合作对于两国来说具有战略意义，这种合作的一个突出例子就是能源合作。最近10年，俄罗斯公司向中国出口了超过3.5亿吨石油和石油产品，1.5亿吨煤炭和200亿千瓦时电力。俄罗斯—中国石油输送管道运营顺利，2019年"西伯利亚力量"天然气管道投入使用，双方还在继续商讨其他管道输送项目。俄罗斯北极地区的"亚马尔液化天然气"项目已经投产，其中有中国投资者的股份，亚马尔的液化天然气也已经开始向中国和其他国家定期发运。作为这一有益经验的延续，规模更大的"北极液化天然气-2"项目相关工作已经启动，该项目也有中国投资者参与。

顺应世界发展趋势，高科技合作开始在俄中两国务实合作中占据重要位置。作为收效良好的举办主题年实践的继续，两国已经宣布2020年和2021年为俄中科技创新年。俄中联合科技创新基金正在建立，科教交流日益扩大。在标志性工业项目——联合制造远程宽体客机和民用先进重型直升机——方面的协作持续推进。信息通信领域的合作愈加广泛。

我们两国在核能这样的知识密集型领域积累了多年成功合作的经验。通过俄罗斯的帮助，中国建成了天然气分离厂、第一座快中子实验反应堆。田湾核电站中四个由俄罗斯设计的核电机组运行安全可靠。目前，实施一揽子协议的工作已经展开，其中包括在建造中国核电站新机组、建造更强大的"快速"反应堆方面的合作，以及在其他前景看好的领域的合作。

航天领域的协作不断扩大，涉及的方面有：运载火箭和火箭发动机，月球和深空探测，地球遥感探测，航天电子元器件，低轨道卫星通信系统，格洛纳斯卫星导航系统和"北斗"卫星导航系统的使用，等等。

俄罗斯和中国正在共同发展国际运输走廊，这些运输走廊能够形成把东北亚、东亚、东南亚与欧洲连接起来的几条有竞争力的补充线路。俄中两国的经济也会因此在交通运输和物流领域获得新的增长点。现有的几条横贯欧亚大陆的交通干线（例如跨西伯利亚铁路干线和贝加尔—阿穆尔铁路干线）的潜力将会发挥出来。此外，包括西欧—中国公路在内的一些新的交通线路也在建设中。

在完善俄中两国跨境基础设施方面，横跨阿穆尔河的布拉戈维申斯克—黑河公路大桥的建成开通将是一件大事。

下列宁斯科耶—同江跨境铁路大桥的建设也已处于收尾阶段。这些基础设施项目的完成将为全面发展两国毗邻地区之间的经济联系创造良好条件。

欧亚经济联盟发展计划与中国"一带一路"倡议的对接必将为我们同中国的经济合作提供强劲动力。《欧亚经济联盟与中华人民共和国经贸合作协定》已经生效，负责落实协定的联合委员会已于2020年10月开始工作，换句话说，在对接俄中两国的一体化努力、加强彼此间的交通运输和物流联系、发展贸易投资合作等方面的联合工作已经进入一个崭新的阶段。

因此，两国最高层达成的关于推进大欧亚伙伴关系倡议和"一带一路"倡议并行不悖、协调发展的一致看法具有特殊意义，这两个倡议以两国相同的原则和价值观为基础，贯通一切，无所不包，追求的是建立欧亚共同经济空间的共同目标。

我们同中国在人文方面的交往逐年迅速发展，并且有越来越多的新内容。这方面的活动多种多样，遍及各地，受众广泛，这有助于保持我们两国人民之间传统的友好睦邻关系，巩固俄中战略伙伴关系的社会基础。

近年来，我们两国高质量地扩大了教育交流，如今交流人数已达10万人。深圳的联合大学项目顺利实施，该校大学生和研究生人数计划增加到5000人。每年举办的文化节、电影节、博物馆展览以及国家艺术团体巡演使文化大事日程排得满满当当，吸引越来越多新的参与者走上俄中关系发展道路。媒体界交往十分频繁，各种各样的活动连续不断，每年都会举办媒体论坛和电视周。

我们高兴地看到，两国旅游交流高速发展，这表明俄罗斯人和中国人对伙伴国的文化和传统一直相互感兴趣。据 2019 年统计，到俄罗斯旅游的中国人数量为 190 万人，从俄罗斯到中国旅游的人数为 230 万人。

令人遗憾的是，新冠肺炎疫情使两国的交往暂时受到了限制。然而最能说明问题的是，在如此困难的时刻我们两国立即向彼此伸出援助之手，发送人道主义物资，派遣医疗专家，密切沟通协调各自的防疫措施。

两国地区间协作的强大基础已经形成。签署了合作协议的俄罗斯联邦主体和城市、中国的省市和自治区一级的结对伙伴有近 400 个。俄罗斯远东及贝加尔地区和中国东北地区政府间合作委员会也已成立。地区间合作方面有计划、有步骤工作的范例是伏尔加河沿岸联邦区与长江中上游各省之间的"伏尔加河—长江"模式。

在《条约》签署后的 20 年间，被我们双方视为俄中战略伙伴关系基本要素之一的外交协作得到大大加强。应当指出的是，这些年来，我们两国在全球和地区紧迫的具体问题上的立场一直不断地相互接近。因此，俄中能够团结一致，共同发声的范围越来越广。这一点也体现在两国发表的最高层和高层联合声明（包括就专门问题发表的联合声明）中，体现在主要多边平台采取的实际措施中，体现在全球热点问题上协调一致的行动中。

对于形成多中心世界秩序的必然性以及极端重要性的认识把我们同中国伙伴联合在一起。"特权俱乐部"时代不仅仅渐行渐远，而且已经一去不复返。世界正在朝着多极化方向发展，这种多极化能够保证各方力量的持久平衡，从而更多地顾及国际社会各个成员的利益，尤其是发展中国家的利益。

我们两国共同的极为重要的目标之一就是加强联合国在世界事务和全球治理中的核心作用。这项任务的重要性也已在《条约》中得到确定。莫斯科和北京都清楚地记得75年前这个世界性组织是如何成立、又是为何成立的。在那个不太遥远的年代，人们从第二次世界大战的悲剧中得出了正确的结论：必须设置一个各国之间对话和合作的通用平台，必须建立一种共同有效应对和平与安全所遭遇威胁的专门机制（这就是后来的联合国安理会），还必须制定统一的国家间关系准则（这些准则已汇集为《联合国宪章》）。我们两国坚信，在当今时代，仍然需要联合国这样一个最有代表性、最具权威性并且拥有一系列分支机构和专门机构的国际组织。这个组织可以、也需要进行改革，提高工作效率，但前提是不能破坏它的基础和削弱它的能力。

与此同时，我们和中国及其他志同道合者正共同致力于加强一系列国际组织和国际会议，尤其是联合国的组织和会议，反对将它们政治化和"混淆"它们的权力，并在这些平台上共同推进非对抗的、凝聚共识的议程。

《条约》中确定的我们和中国的另外一个重要努力方向是捍卫国际法。与"基于规则的国际秩序"这一模糊理念相反，我们两国一贯认为，重要的是所有国家都遵守《联合国宪章》以及其他通行的全面公约和条约，这是国际社会所有成员行事负责的保证，也是世界各国团结的基础，这在当代种种挑战和威胁不断增加的背景下尤为重要。我们两国一如既往地主张，国家间关系的建立应当严格遵循如下原则：相互尊重，照顾彼此利益，公平正义，互利合作，互不干涉内政，不对抗、不冲突、不采用单边制裁政策。

我们两国都主张加强全球战略稳定，这一点也体现在两国领导人于 2016 年 6 月和 2019 年 6 月签署的专项联合声明中。这两份声明都表明了双方加深互信、加强战略协作的意愿，都强调了保持大国之间良好关系对于解决全球战略问题的重要性。

我们感谢中国伙伴就《俄美关于进一步削减和限制进攻性战略武器措施条约》（第三阶段削减战略武器条约）出现的局势作出与我们一致的评价。目前我们正在就方方面面的"核"问题同中国伙伴保持非常密切的接触。有人想方设法让我们给中国伙伴施加压力，敦促他们参加俄美之间的专门问题谈判，这是不可接受的。

在俄中外交协作的议事日程中，国际信息安全问题占据越来越重要的地位。俄罗斯和中国在这一问题上的立场完全一致。我们两国认为，重要的是要防止利用信息技术作为合法工具来干涉别国内政，不能允许把网络空间变成战场。我们希望，我们理性的、建设性的意愿最终能够得到国际社会多数成员的理解和支持。

在世界经济由于一系列因素的影响而出现极不寻常局势的背景下，我们继续扩大同中国在各个主要经济平台的合作，主要是在世界贸易组织、"二十国集团"、亚太经合组织中的合作。我们特别注重团结国际社会反对贸易保护主义和单边制裁，主张在全球和地区范围内建立平等互利的经济关系架构。

我们和中国共同付诸努力的一个极为重要的方面，就是继续发展像上海合作组织和金砖国家那样的有发展前景的多边合作模式。这两大议事中心的威望不断提升，许多国家都希望与它们中的任何一个进行合作。上海合作组织逐渐成为欧亚空间一个极具影响力的组织，而金砖国家则不断获得越来越多的朋友和志同道合者，这表明，这个跨地区平台具有美好前景，它能够代表几十个国家的利益，首先是发展中国家的利益。

一些三方对话机制（例如俄罗斯—印度—中国对话机制和俄罗斯—蒙古国—中国对话机制）的工作对于加强地

区稳定、深化地区合作起着推动作用。其中每一种机制都具有独立性，都按照自己的逻辑发展。同时我们认为，这些机制（同上海合作组织及欧亚经济联盟与"一带一路"倡议对接过程一样）就是一块块"砖"，前面提到的大欧亚伙伴关系正在由这些"砖"堆砌起来。俄罗斯的这一倡议不同于所谓的"印度洋—太平洋"理念，它所具有的完全是非对抗性的、建设性的能量。如果东南亚国家联盟及其他主要的多边机制和多边模式加入这一倡议，就会真正有可能在欧亚大陆建立一个多样化和多中心的和平、稳定、安全、共同发展繁荣的空间。

我们和北京共同关注的当然还有许多紧迫的地区问题，对于解决这些问题，我们两国不仅持有一致的立场，而且正在着手采取一些有效的共同举措。例如，共同制定了朝鲜半岛局势调解路线图，总体上看，它已显示出蓬勃的生命力，并且我们两国希望，它将在相关各方的努力下得到实现。尽管受到美国的恶意反对，俄罗斯和中国仍在继续为维持伊朗核协议而付出努力，更广义地说，是为建立能够保证波斯湾地区和平与安全的可靠机制而努力。我们两国在为阿富汗和平进程提供国际援助的问题上密切协作，同时我们两国表明，必须继续打击该国境内的恐怖主义势力。我们就中东和北非的一系列问题，尤其是就叙利亚事务，同北京保持密切接触。俄中两国就白俄罗斯和吉尔吉斯斯坦国内的事件交换意见，而且我们两国对那里所发生事情的评价完全一致。在这些以及其他许多地区热点问题上，俄罗斯和中国打算继续实时"对表"，持续不断地加强外交上的协调。

《条约》依然是俄罗斯同中国在各方面发展伙伴关系的有效工具，俄罗斯愿意继续挖掘《条约》的潜能。我相信，俄罗斯和中国将会继续按照《条约》的精神和含义，以和平与协商的方式巩固睦邻友好合作关系，造福于两国人民，在世界上实现公平正义。

庆祝《俄中睦邻友好合作条约》签订20周年

安·伊·杰尼索夫
俄罗斯驻华特命全权大使
俄罗斯国际事务委员会会员

安德烈·伊万诺维奇·杰尼索夫

曾在俄罗斯外交部机关、驻外使馆工作。历任俄罗斯外交部副部长、俄罗斯常驻联合国（纽约）代表、俄罗斯驻联合国安理会代表、俄罗斯外交部第一副部长。现任俄罗斯驻华特命全权大使、俄罗斯国际事务委员会会员。

庆祝《俄中睦邻友好合作条约》签订20周年

2001年7月16日是当代俄中关系史上最重要的一天，或许也是整个现代国际关系史上最重要的一天。对两国来说，《俄中睦邻友好合作条约》已经成为一种定位其国家间关系的宪章，也是双方关系进一步发展的法律基础和重要路标。我们两国政府采取的具体行动都要符合这份文件的精神和规定。

俄罗斯联邦总统普京和时任中华人民共和国主席江泽民于二十年前签署了《俄中睦邻友好合作条约》（以下简称《条约》），他们的出发点是为双边关系的长期、积极发展及其水平的不断提升提供法律保障。二十年后，我们得以再一次体会到当时所作决定的正确性和战略远见。

这份条约不是凭空出现的。它如同结束了一个阶段，在这个阶段里我们两国迅速走过了从苏联末期两国实现关系正常化到建立面向21世纪的全面战略合作的漫漫长路。这个过程并不容易，双方内部都有人怀疑是否有必要拉近关系。相互对抗的时代在那些亲历者的记忆中并未远去。在俄罗斯，有些人沉迷于作为享有平等权利的成员加入西方最发达国家俱乐部的美妙幻想。在中国，许多人不明白，为什么要认真地与我们交朋友。我们两国的领导人坚决地跨越了这些阻碍，作出了明确的战略性抉择。

俄中关系的一个重要特点是完全的非意识形态化。双方成功地摆脱了苏联时期决定两国间联盟关系和"蜜月"期、后来又导致激烈纷争和长期对抗的某种因素。对抗不仅让双方遭受了很多伤害，也给两个思想上血脉相连的政党为之积极奋斗的世界共产主义运动造成了重大损失。

应当给予中方高度评价的另一个原因是，在《条约》签订之前的十年间中国毫无保留、不带任何附加条件地承认俄罗斯作为苏联的继承者以及享有由此产生的所有国际、政治和财产方面的权利和义务。不要忘记，在不久前的加盟共和国中间有很多人想要从昔日苏联的"大馅饼"上"咬一口"（与此同时却拒绝支付苏联留下的账单）。因此，平等、相互尊重和对和平共处与相互合作的追求成为我们两国今后进一步加强互信并提高合作质量的出发点。

2001年俄中签订的基础性条约不只是确定了双边关系的新高度、对发展两国关系的共同立场和对世界问题的类似见解。一方面，该条约为继续履行苏联及其法定继承国俄罗斯联邦与中华人民共和国此前签署的所有有效双边协议（这类协议大约有两百项）提供了法律保障，从而为完善俄中关系的条约法律依据奠定了坚实的基础。与此同时，这项长期条约确定了发展俄中关系的基本精神、战略方向和具体的指导方针，为我们两国开启了在21世纪发展大国关系的独具特色的新模式。

因此，随着《条约》的签署，俄中对话开始在更加牢固的基础上发展，这个基础就是共同的利益和相互信任的务实合作。这种合作不针对第三方，并且能够对接其他伙伴之间开展的双边协作。俄罗斯、哈萨克斯坦、吉尔吉斯斯坦和塔吉克斯坦等国与中方达成的在边界地区建立信任措施的各项协议就是这种开放——就像现在常说的——和包容性态度的一个极佳范例。众所周知，它们成为2001年6月10日（在俄中条约签订前一个月）创建的上海合作组织的先驱。覆盖欧亚大陆60%的面积、拥有全球大约45%的人口和25%的国内生产总值的上合组织正迎来自身成立二十周年的庆典。参与该组织的18个国家包括8个正式成员国、4个观察员国和6个对话伙伴国。"桌面上"还有16份要求以这种或者那种方式参与上合组织框架内合作的申请书。与此同时，得益于俄中纽带关系长期发挥的引领作用，独具魅力的"上海精神"已经形成、不断发展并得到贯彻落实。

在这里不能不提到《条约》（在《条约》中两国确认相互没有领土要求以及国家边界不可侵犯）签订后取得的一个重大成果，即双方最终解决了确定俄中边界走向的问题。双方就共同边界上两个未协商一致的地段签署了补充协定，在经过四十年的艰苦谈判之后最终解决了边界问题。几个世纪以来积累下的诸多难题得到化解，双边关系中最后的政治干扰因素也被消除。与此同时，两国获得了独特的经验，在很多方面展示出创新精神，举例来说，双方推出了在两国边境地区共同进行经济开发的模式。

从国家和民族那绵延数千年历史的高度俯视，2001年以来的这段时间看似平淡无奇；不过鉴于近年来迅速变化的国际形势，这段时间又显得意义非凡，充分证明了二十年前所作出的决定的正确性。俄中扎实有效而又坚定不移地加强睦邻友好和互利合作，为两国人民以及国际舞台上的伙伴们带来了丰硕而显著的成果。

落实条约精神和规定的工作在系统地进行，双方协商并执行两国领导人每四年定期批准的行动计划以推动条约的履行。此前三期行动计划分别在2008年、2012年和2016年执行完毕。第四期行动计划（2017—2020年）的落实工作也接近尾声。每一期这样的行动计划都是一份详尽无遗、非常具体的文件，包含数个章节和几十个要点，涉及双边合作的所有领域。除此之外，俄罗斯和中国还定期举办高级别的大型"主题年"活动，其开端是2006年和2007年两国互办"国家年"。到目前为止，俄中已经在推广俄语和汉语学习、旅游、媒体、青年友好和地方交流等合作领域互办了"主题年"活动。2020—2021年双方正在落实互办"科技创新年"项目。俄罗斯和中国一起举行盛大活动庆祝重要的周年纪念日。2019年是两国建立外交关系七十周年，而2020年是伟大的卫国战争和抗日战争胜利七十五周年以及联合国成立七十五周年。我相信，《俄中睦邻友好合作条约》签署二十周年纪念活动将在双方2021年的活动计划中占据重要的地位。

两国立法机构交流合作机制在实践中为落实《条约》的各项规定提供了强有力的立法支持。联邦和地方立法机构之间的定期接触也有助于相互交流立法工作的经验。鉴于俄罗斯和中国拥有的共同利益和面临的相似挑战，这一点尤其具有现实意义。俄罗斯联邦委员会、国家杜马和全国人民代表大会成立了中俄议会合作委员会。该委员会已经召开过六次会议。对于中国的立法人员来说，这是全国人民代表大会常务委员会委员长领导下的唯一的国际合作机制。

俄罗斯联邦总统办公厅和中国共产党中央委员会办公厅之间也有一个独具特色的合作对话机制，它的有效运转证明了双方协作的基础是相互信任。该机制也是在《条约》签订后根据其精神与原则按照两国元首的决定设立的。

所有俄罗斯议会党派都与中国共产党保持着密切的联系，两国的执政党——统一俄罗斯党和中国共产党之间的对话在党际交往中占据中心地位。

如果逐字逐句地通读一遍《俄中睦邻友好合作条约》的所有条款，不难确认，在已经过去的二十年间（在某种意义上可以算作一个报告期），每项条款都被极其认真地遵守和执行。不但如此，鉴于国际形势的急剧变化、世界经济的诸多趋势以及全球范围内出现的新挑战（从国际恐怖主义和信息战争到新冠肺炎疫情等），俄罗斯与中国遵循《条约》的精神，及时、灵活地作出反应，在诸多新领域有效地进行战略协调。

根据《条约》的规定，双方在经贸、金融、工业、能源和交通等领域内积极发展卓有成效的合作，稳步推进科技、航空航天、信息通信等领域的协作，并以各种方式促进地区间交流。在这方面俄中总理定期会晤机制发挥了主导作用。该机制通过两国政府首脑定期会晤履行管理职能，目前下辖有五个副总理级政府间委员会（在2001年此类政府间委员会只有两个）以及三十多个分委员会和工作组。

在此，我只列举一下过去二十年来俄中达成的那些最重要的成就和双边项目。

与2000年刚过80亿美元相比，俄中双边贸易额在2019年突破了1100亿美元。十年间（自2010年以来），中国牢牢占据了俄罗斯第一大外贸伙伴的位置。双边贸易结构逐步改善，俄方不断增加对华出口中非原材料商品的份额，并为此正在创建必要的交易平台。俄罗斯畜牧业和种植业产品的供货从几乎为零增长到可观的规模，俄罗斯生产的食品迅速赢得中国消费者的青睐。服务贸易不断扩大，电子商务工具和本国货币结算得到日益广泛的应用。

俄中两国间投资涉及不同领域的数百个项目。仅双边政府间投资合作委员会就在审议近100个项目，其总额超过1200亿美元。请大家注意，2001年两国间的相互直接投资额是微不足道的。俄罗斯直接投资基金和中国投资有限责任公司成立了俄中联合投资基金。双方在包括金砖国家新开发银行和亚洲基础设施投资银行在内的多边发展机构框架内开展合作。

俄中输油管道顺利运营已近十年，在这些年间，俄罗斯在对华原油出口国中一直稳居前两位。2019年年底俄中天然气管道投产通气。该项目合同期限为三十年，将向中国输送超过1万亿立方米的天然气。这是俄罗斯天然气行业历史上最大的一项协议。目前两国正在规划从俄罗斯向中国供应天然气的新输气管线。双方正在碳氢化合物开采方面展开合作，开辟了从俄罗斯北部运送液化天然气的海上运输线路。最成功的联合项目之一是兴建天然气液化工厂的亚马尔液化天然气项目。通过与中国密切合作，在阿穆尔州建立天然气加工和天然气化工综合体的项目可以被称为旗舰项目。在过去的二十年间，当土建施工结束后，俄罗斯专家参与了田湾核电站四个动力机组的建设（接下来还要建设两个机组）。在中国东北辽宁省的徐大堡核电站建设两个动力机组以及在中国建设一个快中子示范反应堆的项目正在实施中。俄罗斯煤炭对华出口从几乎为零增长到可观的规模，并向中方供应电力。

在俄中合作的框架内，双方正在建设新的汽车生产企业，共同研发远程宽体客机 CR929 和一款重型直升机。俄罗斯与中方密切合作，正在建设名为"红星"的现代化造船综合体。

第一座横跨阿穆尔河（黑龙江）的跨境公路大桥已经在布拉戈维申斯克—黑河地区竣工，连接下列宁斯科耶和同江的铁路桥也即将建成。铁路集装箱运输量不断增长。欧盟国家和中国之间的铁路过境运输从2014年到2019年增长了七倍，这个数字本身足以说明问题。俄中正在铺设新的运输线路，打造交通物流综合体。北方海航道得到积极开发，它将为中欧货物直达运输开辟广阔的前景。

在西方国家对俄罗斯和中国的技术发展进行越来越严格限制的情况下，科学和创新领域的合作尤为重要。数字技术、智能交通系统、新材料、大数据处理系统、人工智能、神经科学、医学和生物技术、新能源、节能技术、绿色农业、环境保护技术和海洋技术等领域的情况可以说最为紧迫。两国在双边科技合作路线图的基础上展开工作，当前正在落实有关2020—2025年工作的文件。在上海开设了俄中创新中心。两国创办了一系列联合科技园，建立了俄中科技创新基金。2020—2021年在"俄中科技创新年"的框架下计划举办大约800场专业活动。

在《条约》生效后的二十年中，两国地区间交流大大扩展。地区和市级合作伙伴的数量接近400对。"伏尔加河—长江"地方合作理事会、俄罗斯远东及贝加尔地区和中国东北地区政府间合作委员会等推进地区间合作的政府间机制得以创建并顺利运行。当前正在探讨建立新的类似机制。

根据《条约》的规定，双方将大力促进发展文化、教育、卫生、信息、旅游、体育和法制领域的交流与合作。

无论互办主题年的主题是什么，它们照例都有丰富的文化日程安排。最精彩、最成功的活动早就成为经常举行的保留节目。每年都要轮流举办民族文化节和电影周。顺便说一句，几年前中国伙伴们取消了对俄罗斯制作的电影在中国放映的配额要求。双方开始合拍电影，包括纪录片。电视频道互播节目变得日益普遍，越来越多的俄罗斯主流媒体正在开通中文信息流，他们的中国同行则在俄语新闻领域积极工作。

十年前，俄罗斯和中国分别在对方首都开设了自己的文化中心。位于北京的俄罗斯文化中心同时也是2008年成立的俄罗斯联邦独联体事务、俄侨和国际人文合作署的驻京代表处。该机构与中国人民对外友好协会和中国国际友好联络会一起，通过民间外交渠道积极推动双边人文领域的合作。根据普京总统和习近平主席达成的协议，1928年召开的中国共产党第六次全国代表大会会址常设展览馆在莫斯科近郊向公众开放，它也成为位于莫斯科的中国文化中心的分支机构。目前俄方正与中方伙伴就位于中华人民共和国境内的俄罗斯文化和精神遗产的保护问题进行对话。

具有象征意义的是，在2019年，来自中国四川省的俄罗斯国内唯一一对可爱的大熊猫落户莫斯科动物园。连两国领导人都来拜访它们。

教育领域的交流迅猛发展。其参与者总人数在 2019 年达到了 10 万人，这是一个在二十年前难以想象的数字。仅在最近五年里，在中国的俄罗斯留学生人数就增长了 36%，而在俄罗斯的中国留学生人数则增长了 100% 以上。两国开始联合办学。在这方面的旗舰项目是国立莫斯科罗蒙诺索夫大学与北京理工大学共同创建的俄中深圳联合大学。

我们注意到双方在体育运动领域的合作正在加强。鉴于 2022 年冬季奥林匹克运动会即将在北京举办，这一点显得尤为重要。我们全力支持北京举办冬奥会，愿意与同行们分享在 2014 年索契冬季奥运会上获得的组织和举办冬奥会的经验。

民间往来的渠道正在积极开展工作，根据两国元首的决定于 1997 年成立的俄中友好、和平与发展委员会在其中发挥了关键作用。我想特别强调，《条约》的各项原则作为指导方针被写入委员会的章程性文件中。

俄中交流的另一个相对较新的渠道是双方智库之间的合作，这种合作使得专家们能够为政治层面的决策提供宝贵的建议。在这方面最重要的是俄罗斯国际事务委员会与中国社会科学院和清华大学的对话。

作为一名外交官，我不能不指出，在俄罗斯和中国的众多部门中，两国外交部之间的协调最为密切。这是完全合乎逻辑和自然而然的。双方外交机构间的协商机制正常运转，而且它们不仅在莫斯科和北京进行紧密的协作，实际上在世界各国的首都也是如此。可以说，俄罗斯和中国对每一个重要的国际议题都要"对表"。而且在大多数情况下我们两国对待这些议题的原则性外交立场都是一致或者非常接近的。在当前国际社会日益动荡的背景下，俄中两国联手在国际舞台上发挥着越来越重要的稳定作用，为全球议程注入正能量。

近年来，我们不安地看到，战略稳定和军备控制机制正在遭遇严峻考验。尽管个别国家试图使整个世界的发展迁就它们自己的利益、推行所谓"基于规则的"秩序并削弱联合国的作用，但俄罗斯和中国一直捍卫联合国的核心协调作用，坚决主张严格遵守国际法准则。我们两国的相互协作不仅在联合国和其他国际组织的框架内得到明确体现，而且在很多多边平台上也占据主导地位。除了上述的上海合作组织之外，俄罗斯和中国还发起了与印度和蒙古国的三方对话，创造了将正在快速发展的主要新兴工业国家齐聚一堂的金砖国家模式，并积极与东盟开展合作。俄罗斯和中国协调一致地推动成立二十国集团，使之成为最具代表性的世界主要经济体俱乐部。目前，我们两国正在积极推进合作以实现欧亚经济联盟建设与"一带一路"倡议的对接，也就是接受对于国际关系具有创新性的"一体化的一体化"思路，这个思路指向俄罗斯总统普京提出的创建"大欧亚伙伴关系"的目标。

二十年前俄中确立了不使用武力或以武力相威胁的原则，重申互不首先使用核武器、互不将战略核导弹瞄准对方的承诺。现在遵守这些协议对我们来说就像呼吸空气一样是自然而然的事情，要知道几十年前一直都没有过这种情况。今天双方之间的互信水平非常高。两国在军事合作和军事技术合作这样极为敏感的领域取得了令人印象深刻的成果，在这两个没有缔结军事同盟的国家之间形成了独特的合作模式。

国际专家越来越经常地询问两国建立联盟关系的可能性。我认为，建立正式联盟特别是军事政治联盟，不是俄罗斯和中国这样两个大国之间发展关系的最佳方案。首先，我们的合作不针对第三国（《条约》中也指出了这一点），两国的外交政策也不是建立在集团立场和与什么人对抗的逻辑基础之上。像俄罗斯和中国这样在世界舞台上如此重要的大国建立联盟将与建设多极化世界的理念背道而驰。除此之外，联盟要求成员承担正式的义务，而且——正如我们在北约的例子中看到的那样——其特征往往是不同国家的影响力失衡，成员间形成"主从"关系。这完全不符合俄中关系的精神和两国的利益。

与此同时，有赖于《条约》在很多方面的助力，与现有军事政治联盟的许多成员相比，俄罗斯和中国在许多领域的合作与协调走得更远、更深入。如果我们中的一国面临可能的安全威胁或侵略，那么按照《条约》第九条的规定，一旦发生这种情况，双方应立即进行联系并举行协商以消除威胁。《条约》第八条同样规定了重要的保障措施。这种相互义务要求双方作出协同反应，类似于结盟国家所采取的行动。事实上，我们两国就防务和安全问题建立了若干对话和协商机制，使我们能够对风险与潜在威胁进行分析，并商定预防和消除这些风险与潜在威胁的实际步骤。

总的来说，正如我们看到的那样，通过俄中两国领导人的共同努力，双边关系达到的水平和具有的性质使双方可以在平等、互利的基础上比当代某些集团组织更加有效和灵活地实现共同的利益，而不会在彼此观点可能存在分歧的问题上陷入僵局。虽然俄罗斯和中国之间不存在同盟义务，但我们清楚地了解彼此的立场和利益，愿意尊重这些立场和利益并在实际行动中相互帮助。

令人遗憾的是，并非所有人都欢迎我们两国的和平发展。有些人心怀疑惧地看待俄中两国的团结，尽管《条约》已经明确规定了双边关系的真正基础和原则，并指出这种关系不针对第三国。这并不意味着我们没有需要携手应对的共同敌人和挑战。但这些敌人和挑战是指那些危害我们两国和其他国家的安全与根本利益的全球性威胁，包括恐怖主义、分裂主义、极端主义、国际有组织犯罪、毒品交易和贩运等。环境保护是另一个性质的任务，但也同样重要。

在最近一段时间，抗击危险传染病的斗争尤其引人关注。客观地说，2020年，新冠肺炎疫情在世界议程上占据了首要位置。中国是第一个遭遇这种威胁的国家，目前，中国抗击新冠肺炎疫情斗争已取得重大战略成果。中国的经验帮助其他国家为这场战斗做好准备，争取了时间，避免了更大的损失。2020年春天，个人防护物资的全球性短缺在很大程度上依靠中国的供货得以弥补。疫情期间，俄罗斯和中国开展了一系列疫苗的研发工作，这些疫苗将为全世界遏制疫情的努力做出应有的贡献。我认为，我们已经成功地"化危为机"。俄中关系经受住了这些极其严峻和前所未有的考验，我们两国彼此伸出友谊的臂膀，得以适应新的全球现实并开启新的合作领域和方式。

俄罗斯和中国在《条约》中确定了加强睦邻友好合作、发展平等互信的伙伴关系和战略协作的方针，不断地提高双边关系水平并赋予其新的内涵。当前两国关系被界定为"新时代全面战略协作伙伴关系"。

众所周知，《条约》的有效期为二十年，在双方同意的情况下可以每五年自动延期。俄中两国不仅一致坚信延长《条约》有效期的极端重要性，而且考虑到二十年来执行该条约的成功实践，还在研究为这一基础性文件补充新内容的可能性。在我看来，我们两国之间的关系是如此务实、互利和牢固，我们能够而且应该开辟出一片新天地，让俄中友谊与合作直到永远。

俄中合作：从全球议程到双边贸易的中期成果与前景展望

谢·根·卢贾宁

俄罗斯高等经济大学教授
俄罗斯莫斯科国际关系学院教授
俄罗斯国际事务委员会会员

谢尔盖·根纳季耶维奇·卢贾宁

　　研究员，博士生导师。曾任俄罗斯科学院远东研究所所长。现任俄罗斯高等经济大学教授，俄罗斯莫斯科国际关系学院教授，俄罗斯国际事务委员会会员。研究领域为中俄关系、东亚区域问题。

全球、区域、双边视野下的俄中关系

从新冠肺炎疫情的威胁到价值观冲突以及种族和文明的冲突，当今世界不断遇到新的挑战和考验。面对西方政治经济制裁的打压，俄罗斯和中国必须根据当前现实不断调整自己在全球、区域和双边合作领域的战术和方针。

俄罗斯和中国以在新冠肺炎疫情暴发之前已建成的双边机制和国际法准则为基础，新建或改造既有的全球与区域合作渠道，其中包括俄中伙伴关系起决定作用的金砖国家和上海合作组织（以下简称"上合组织"）。2020 年 11 月 10 日，上合组织成员国元首理事会重申了该组织的重要性，以及该组织活动对于俄中两国实现全球和地区利益的重要性。

上合组织和金砖国家面临着同样的战略任务，因而都需要进行改革，提高工作效率，在组织框架内发展经济合作，并以这两个组织为基础建立更广泛的伙伴关系网。2019—2020 年俄罗斯同时担任这两个组织的主席国，这更加有利于俄中在贸易、金融、创新等关键领域消除阻滞合作的障碍。

在全球安全、对世界格局的看法、全球治理主导机构（联合国安理会）的作用、世界发展新趋势等方面，俄中两国的根本利益是一致的，这是两国在全球议程中开展合作的基础。在世界由旧的两极格局向新的多极格局转变过程中，俄中两国正灵活多元地探索最佳合作方式，使这些利益得到体现。俄罗斯著名政治学家 A. B. 科尔图诺夫指出："对于不成功的单极世界建设者来说，多极化将作为对他们自以为是、狂妄自大以及各种破坏行为的理性政治应对而载入史册。"

显而易见，俄罗斯和中国目前正准备应对"单极世界建设者"在军事战略、科技、经济、信息、体制以及价值观和意识形态等所有关键层面上带来的新挑战和破坏性举措。

俄中两国国际区域合作的地理范围既包括拉丁美洲、非洲、近东和中东，也包括中亚、东北亚和东南亚以及北极地区。两国在欧亚地区开展了比较充分和系统的合作，而在相对遥远的大陆，合作却具有选择性、点状性。

俄中两国运用多种方式开展合作：从在联合国就决议草案、决议、维和行动进行表决时相互配合，到在一些国家、地区和国际机构共同参与投资、经贸、能源以及其他项目。

俄中双边关系的基础是，两国作为世界舞台上独立而有威望的力量中心，在政治、经济和人文领域保持密切接触，能够快速适应完成任何全球性或地区性任务的伙伴关系。这就是说，尽管受到新冠肺炎疫情的负面影响，俄中关系模式仍然能保持灵活性，仍然具有将策略性和战略性收益与伙伴关系潜力相结合的能力。

2019年俄中两国贸易额为1100亿美元，但受新冠肺炎疫情影响，双边贸易水平和规模有所下降。鉴于交易量减少、相互实行隔离制度和关闭边境通道等因素，曾预计2020年两国贸易额会降低10%—15%。然而，从2020年前9个月的统计结果看，贸易下降情况并不十分严重，贸易额为788亿美元，只下降了2%。考虑到中国经济正在快速恢复，因此，双边贸易领域保持良好发展势头具有现实可能性。

欧亚合作：欧亚经济联盟与中国"一带一路"倡议的对接

2015年5月8日，俄罗斯总统普京和中国国家主席习近平发表《俄罗斯联邦与中华人民共和国关于欧亚经济联盟建设和丝绸之路经济带建设对接合作的联合声明》，提出"一带一盟"对接并形成大欧亚空间的政治方针。这一方针在2020年11月10日发表的上海合作组织成员国元首理事会莫斯科宣言中得到重申，上合组织成员国在宣言中指出，"俄罗斯联邦提出在上合组织、欧亚经济联盟、东盟国家及其他相关国家和多边机制参与下建立大欧亚伙伴关系"的倡议具有重要的意义。

五年来的对接实践显示了俄中两国在欧亚地区合作的长处与短板。2017—2018年欧亚经济联盟与中国签署了一系列经贸合作协定，然而，对接的实际议程依然有待充实。

树立与"一带一盟"对接密切相关的"大欧亚"理念，对于研判俄罗斯和中国在欧亚空间遇到的安全挑战具有现实意义。显而易见，两国至少面临两个层面的挑战和威胁。

首先是目前已经形成的各种威胁和正在发生的重大社会政治事件，它们既能够反映欧亚国家社会政治发展的深层走向，又能够反映欧亚空间内的新形势。这些形势通常涉及以下问题：新冠肺炎疫情的影响，阿富汗因素的传统消极作用，西方在从白俄罗斯到纳戈尔诺—卡拉巴赫等新旧冲突地区的活跃，宗教极端主义运动和其他恐怖活动在叙利亚冲突地区和其他地区的蔓延等。

其次是基础性的长期问题，包括欧亚经济联盟、集体安全条约组织、上海合作组织框架内的欧亚空间制度化问题，俄中两国在欧亚地区合作的机遇和制约因素，中亚和大陆内其他次区域的发展前景和困难等。对于俄罗斯和中国领导人来说，每一个层面的问题都十分重要，因为它们都能够反映彼此对"大欧亚"战略和策略的认知，即大欧亚的轮廓，其扩展和收缩的范围，以及俄中在"一带一盟"对接框架内的合作计划和方案。

最近，俄中两国领导人在"一带一盟"对接框架内就以下事项达成一致：在平等基础上利用中方的投资；在一些敏感问题上，中方愿意对俄方作出让步和妥协，包括运输走廊的走向以及俄方基础设施项目的实施期限和条件。

出现这一进展的原因包括：特朗普任美国总统期间中美关系恶化；俄中双边和多边合作形式的进一步深化；俄中伙伴关系水平和互信得到全面提升。对接在技术层面上的不契合无关宏旨，不会对整个战略伙伴关系构成严重威胁。

有前景的三方区域合作项目还有"俄罗斯—蒙古国—中国"合作。俄罗斯总统普京在2020年11月10日上合组织成员国莫斯科峰会上发言，重申在俄中天然气管道建设框架内加强天然气领域俄中区域合作的意向，他强调："这是一条新增线路，俄罗斯、中国以及作为过境运输国的蒙古国均对此抱有浓厚的兴趣。"

《俄中睦邻友好合作条约》签署 20 周年：
关系发展前瞻

2001 年 7 月 16 日签署的《俄中睦邻友好合作条约》规定了俄中战略伙伴关系的基本原则，该条约使双方形成长期的利益均衡并保持同第三国关系的自由度。2021 年是该条约签署 20 周年。显而易见，条约续签将不仅仅重申俄中久经考验的合作原则和优先事项，也将拓宽俄中两国的双边、区域和全球合作的领域，并使两国更加高效地携手应对新的挑战和威胁。

外部的挑战和威胁客观上有利于两国进一步相互靠拢，两国专家一致认为，鉴于种种威胁持续加剧，有必要修订 2001 年条约中的一系列条款，对其进行拓展和细化，如规定"为消除所出现的（针对缔约一方或双方的）威胁进行磋商"的第 9 条。很显然，关键性概念和术语必须进一步更新和明确，予以其广义的诠释。

《俄中睦邻友好合作条约》在其 20 年有效期内完成了自己的使命，为保持和深化两国业已取得的显著成果，条约续签当属必然。

俄中合作的经济缩影：虚拟结构与客观现实

维·拉·拉林
俄罗斯科学院院士
俄罗斯科学院远东分院副院长
俄罗斯国际事务委员会会员

维克多·拉夫连季耶维奇·拉林

俄罗斯科学院院士，研究员，博士生导师。曾任俄罗斯科学院远东分院远东民族历史、考古和民族志研究所所长。现任俄罗斯科学院远东分院副院长，俄罗斯科学院远东分院远东民族历史、考古与民族研究所全球与地区研究中心主任，俄罗斯国际事务委员会会员。获中国政府为纪念中俄建交60周年颁发的"发展中俄友谊突出贡献奖章"。研究领域为中国现当代史、俄中关系、俄罗斯东亚政策。

在《俄中睦邻友好合作条约》（以下简称《条约》）签署前夕，俄中经济关系发展的起点是令人鼓舞的。一方面，虽然根据中国海关的数据来看，两国间的贸易额只有 80 亿美元，但中国已经是俄罗斯的第三大贸易伙伴，对华贸易占俄罗斯对外贸易总量的 7%。另一方面，中国致力于促进积极有效的对外经济联系，将其作为自身发展的主要驱动力，而俄罗斯也跻身中国的十大贸易伙伴之列。当然，俄中贸易额仅仅是中日贸易额的十分之一，是中美贸易额的九分之一，是中韩贸易额的四分之一。20 世纪 90 年代俄中扩展经济联系的尝试带来了不少苦涩和难题，但莫斯科和北京的政治和经济利益在很多方面彼此契合，这让双方可以寄希望于未来。

然而，双方间的生产协作尚未成形。截至 21 世纪初，俄罗斯对华累计直接投资额估算在 2 亿美元以内，而中国对俄累计直接投资额不超过 1 亿美元。在那些年，美国对中国经济的直接投资额大约为 400 亿美元，日本对华直接投资大约是 20 亿美元。中国也向美国投资了大约 2.77 亿美元。与此同时，在俄中经济关系中形成了一个在两国与世界其他主要经济体的关系中都不存在的环节：沿国境线形成了一个幅员最为广阔、成分上跨越诸多文明的共同经济空间，这个经济空间自发地履行职能，带有很多问题和缺陷，但它不仅为俄中两国相邻地区的发展服务，而且成为整个双边关系中的一个重要因素。

虽然2001年签署的《条约》并没有涉及经济问题，但它为开展进一步的经济合作创造了一个政治和意识形态平台。《条约》第十六条规定："缔约双方将在互利的基础上开展经贸、军技、科技、能源、运输、核能、金融、航天航空、信息技术及其他双方共同感兴趣领域的合作，促进两国边境和地区间经贸合作的发展，并根据本国法律为此创造必要的良好条件。"

此后二十年间两国高层批准的很多双边文件，包括联合声明、宣言、公报等，都表明了莫斯科和北京提高经贸关系的质量和改善其结构的愿望。在2004年发布的《俄中联合声明》中双方表示有意"制定全面合作的中长期规划，改善双边贸易结构，扩大机电产品贸易，完善经贸及投资合作的形式和方法，重点落实好各领域的大型合作项目"。两国多次表示希望显著提高协作的效率、"经贸合作的质量和水平"，赋予它"全新的内容"，完善经贸往来的形式和方法，"扩大在投资和经济技术合作，推进战略性项目实施，提高贸易和投资便利化水平"等。双方还定期设置数量指标，比如说，到2015年使双边贸易额达到1000亿美元，到2020年使这一指标达到2000亿美元。

但不论是最初的期望，还是协商的结果与拟订的计划，都没能完全实现。在 2001 年《条约》签署后的这些年里，两国国内的政治环境以及一些外部因素，特别是 2008 年的国际金融危机、2014 年的石油价格暴跌和 2020 年的新冠肺炎疫情，都对俄中经济关系的发展产生了影响。其后果是，得到的结果并非总能符合预期，采取的行动也并非总是出于本意。事实证明，管理经济进程要比管理政治或人文进程困难得多。

国家间的经济关系

通过对过去二十年间俄中经贸关系的分析可以将其划分为两个阶段（双方经贸关系的提升阶段和停滞阶段）和三个活跃高峰，分别是 2008 年、2014 年和 2019 年（见图 1）。在此期间导致在双方经贸关系发展过程中出现起伏的原因各不相同。

2007—2008 年第一个高峰的出现，一方面，得益于中国的经济现代化、在对外经济方面采取的诸多举措（加入世界贸易组织、面向全球实施"走出去"的对外经济战略、大力发展出口生产、改善产品质量）以及中方对许多俄罗斯商品（木材、黑色金属、化肥、鱼类和海产品）的需求上升；另一方面，则归因于俄罗斯经济形势的好转、俄罗斯人

(10亿美元)

图1 俄中贸易额曲线图（根据中方统计数据绘制）

购买力的提高和俄罗斯市场对中国产品的需求增大。毫无疑问，2001年《条约》的签署和俄中政府首脑定期会晤筹备委员会、各个分委员会以及经济合作工作组的成立共同为此创造了良好的政治环境和组织条件。

自2003年以来，俄中双边贸易进入了"加速增长的轨道"，到2009年，两国贸易额几乎达到2002年的五倍，从119亿美元攀升到568亿美元（增长了449亿美元）。与此同时，俄罗斯的出口额增长到原来的约2.8倍（从84亿美元提升到238亿美元），其进口额增加到原来的9.4倍（从35亿美元增加到330亿美元）。在这里有两点引起人们的关注。

其一，主要的飞跃（234亿美元，或者说增长总量的52%）发生在2007—2008年。其二，2007—2008年的奇迹主要归功于俄罗斯进口贸易的增长，它贡献了在此期间贸易增长总量的 73.4%。2007 年，俄罗斯从中国的进口额自 1991 年以来首次超过其出口额，并呈现快速增长的势头，从 2006 年的 158 亿美元增至 2008 年的 330 亿美元。

2008—2009 年的国际金融经济危机也对俄中贸易造成了冲击，但双方贸易额的下降历时很短。到了 2010 年两国间的贸易额几乎恢复如初，随后开始快速增长，而且正如下文图表所示，进出口贸易的变化曲线有所不同。俄罗斯的出口贸易额在 2012 年达到顶峰，而从中国进口商品的规模在两年时间内稳步增长，一直持续到 2015 年年初。俄方 2011 年 1 月 1 日开始通过"东西伯利亚—太平洋"输油管道向中国供应石油。尽管这成为俄罗斯出口增长的主要条件，但在 2011—2014 年第二个高峰期两国贸易的增长总量（397 亿美元）中，俄罗斯进口（增长 241 亿美元）占据了 61% 的份额。

第三个高峰（2018—2019 年）出现的背景是此前在 2015—2017 年双方的贸易跌入谷底。这次衰退最终被克服主要归功于俄罗斯对华出口的增长（出口额在 2019 年达到了历史最高点）以及中国对俄出口贸易的结构调整。西方的制裁政策以及卢布汇率的下跌迫使俄罗斯消费者转而购买中国生产的工业品。

在贸易额发生如此巨大变化的同时，进出口商品的结构也迎来了重大转变。中国在俄罗斯出口贸易中的份额从 2000 年的 5% 增加到 2019 年的 13.4%。这种情况的出现是由于俄罗斯商品对华出口额几乎增加到原来的三倍（从 203

亿美元增长到 568 亿美元）以及俄方对其他国家出口的减少。俄中贸易额的增长主要发生在过去这十年，涵盖了所有主要商品类别（见图 2、表 1），而支撑这一令人印象深

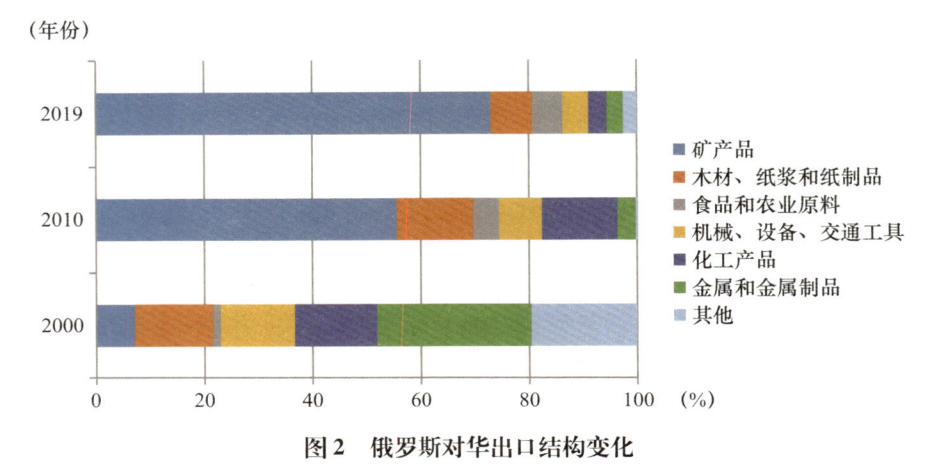

图 2　俄罗斯对华出口结构变化

资料来源：作者根据《2019 年俄罗斯与中国贸易》绘制。

表 1　俄罗斯对华出口贸易走势（按商品类别统计）

（单位：百万美元）

商品类别	对华出口额			增长（倍）	俄罗斯总出口额	中国在俄总出口额中占比（%）
	2000 年	2010 年	2019 年	2000—2019 年	2019 年	2019 年
矿产品	373	11287	41509	111.3	257855	16.1
木材、纸浆和纸制品	763	2883	4350	5.7	8331	52.2
食品和农业原料	74	954	3192	43.1	11656	27.4
机械、设备、交通工具	718	1604	2709	3.8	27682	9.8
化工产品	797	2842	1931	2.4	11608	16.6
金属和金属制品	1498	690	1670	1.1	28759	5.8

续表

商品类别	对华出口额			增长（倍）	俄罗斯总出口额	中国在俄总出口额中占比（%）
	2000年	2010年	2019年	2000—2019年	2019年	2019年
其他	1024	40	1430	1.4	78736	1.8
合计	5247	20300	56791	10.8	424627	13.4

资料来源：作者根据以下材料绘制：弗里德里赫·特里尼奇《俄罗斯与中国经贸合作》，《俄罗斯对外经济学报》2009年第3期；《2019年俄罗斯与中国贸易》，俄罗斯对外贸易网站；《2019年1—12月俄罗斯最重要商品出口》，俄罗斯联邦海关局网站。

刻的增长趋势的只有两类商品：占出口增长额80%的矿产资源（主要是原油）和粮食类商品。因此很好理解，当前俄罗斯对中国出口的商品名录覆盖面非常狭窄，主要是各类原材料。出口额的86%集中在三类商品上：矿产资源、木材和粮食。

俄罗斯从中国进口贸易的走势和结构呈现出相反的变化趋势。第一，近年来俄罗斯对中国的出口额增长到原来的11倍，它从中国的进口额增长到原来的57倍，而中国在俄罗斯总进口额中的份额从2.8%增加到21.9%（见图3）。第二，该数据在21世纪第一个十年中的增长更为强劲。第三，进口的商品结构发生了根本变化：如果说在2000年进口商品以化工产品、食品和日用消费品为主，那么在今天则主要是机械、设备、交通工具。目前，中国不仅在全俄纺织品、鞋类的进口中占据重要地位，满足了市场上近三分之二（63.7%）的进口需求，而且还保有三分之一的金属和金属制品进口份额，并向俄方提供超过四分之一（27.4%）的进口机械、设备和交通工具（见表2）。

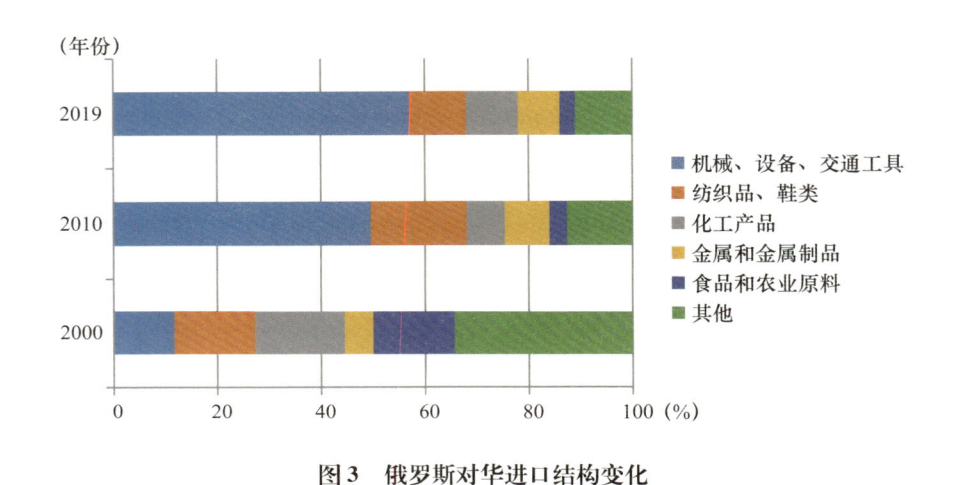

图3　俄罗斯对华进口结构变化

资料来源：作者根据《2019年俄罗斯与中国贸易》绘制，俄罗斯对外贸易网站。

表2　俄罗斯对华进口贸易走势（按商品类别统计）

（单位：百万美元）

商品类别	从中国进口额 2000年	2010年	2019年	增长（倍）2000—2019年	俄罗斯总进口额 2019年	中国在俄总进口额中占比（%）2019年
合计	949	29600	54127	57	247393	21.9
机械、设备、交通工具	111	14682	30872	278	112545	27.4
纺织品、鞋类	148	5476	5851	40	9186	63.7
化工产品	163	2161	5489	34	27055	20.3

续表

商品类别	从中国进口额			增长（倍）	俄罗斯总进口额	中国在俄总进口额中占比（%）
	2000 年	2010 年	2019 年	2000—2019 年	2019 年	2019 年
金属和金属制品	52	2546	4449	86	13197	33.7
食品和农业原料	149	1006	1721	12	15746	10.9
其他	326	3729	5745	18	69664	8.2

资料来源：作者根据以下材料绘制：弗里德里赫·特里尼奇《俄罗斯与中国经贸合作》，《俄罗斯对外经济学报》杂志 2009 年第 3 期，第 44—51 页；《2019 年俄罗斯与中国贸易》，俄罗斯对外贸易网站；《2019 年 1—12 月俄罗斯最重要商品出口》，俄罗斯联邦海关局网站。

2020 年新冠肺炎疫情造成的经济后果不仅影响了贸易本身，而且在更大程度上还影响了对贸易的统计。根据俄罗斯方面的数据，俄罗斯对中国的出口在 2020 年上半年较 2019 年同期萎缩了 11.6%（下降到 238 亿美元），但俄罗斯从中国的进口甚至还增加了 0.8%，达到 244 亿美元（见表 3）。而中国海关的统计数据则显示，这一时间段的进出口贸易额是同时下降的：俄罗斯的出口减少了 5.3%（下降到 282 亿美元），而俄方的进口减少了 6.0%（下降到 209 亿美元）。这种显著的差异不仅表现在对贸易额到底是增长还是下降的评估上，而且也表现在对贸易额本身的计算上（双方对俄罗斯对华出口额的统计相差 44 亿美元，对俄罗斯从中国进口额的统计相差 35 亿美元）。与此同时，双方各自统计的贸易总额仅相差 10 亿美元。这样的情况即使在

20世纪90年代也未曾出现过。看来似乎是双方都漏过了价值数十亿美元的商品没有统计。

表3　　　　　俄中贸易的海关统计（2020年上半年）

海关统计	俄罗斯出口		俄罗斯进口		贸易额	
	俄罗斯	中国	俄罗斯	中国	俄罗斯	中国
数额（百万美元）	23757	28220	24411	20936	48168	49156
增长/下跌（％）	-11.6	-5.3	+0.8	-6.0	-5.7	-5.6

资料来源：作者根据《俄罗斯联邦与主要国家和国家集团对外贸易》绘制，俄罗斯联邦海关局网站。

如果要说双方在过去二十年的工作中有什么不尽如人意的地方，那么应该是在发展生产合作方面。中方的投资进入俄罗斯后遭遇水土不服，而俄方的投资来到中国后也是如此。虽然双方相互投资额在过去二十年中有显著增长，但这种增长远远落后于当初的预期和宣布的目标。

在第一个十年结束时，两国在投资方面的进展有限。据时任俄罗斯联邦总统德米特里·梅德韦杰夫介绍，中国对俄罗斯的累计投资额增加到26亿美元（是原来的25倍），而俄罗斯在中国的累计投资额接近10亿美元（增长到原来的5倍）。为了巩固和发展已取得的成绩，在2014年设立了政府副总理级别的俄中政府间投资合作委员会。此后双方——特别是中方——发表了对投资合作的成果表示乐观的一系列声明。

表 4　　　　中国对俄和俄对华直接投资走势

（2020 年初余额）　　　　　　　　单位：百万美元

投资方向/日期	2014 年 1 月 1 日	2015 年 1 月 1 日	2016 年 1 月 1 日	2017 年 1 月 1 日	2018 年 1 月 1 日	2019 年 1 月 1 日	2020 年 1 月 1 日
中国内地对俄投资	4543	2759	1341	2902	3584	2660	3736
中国香港对俄投资	141	292	568	561	1007	1020	3043
中国内地和中国香港对俄投资	4684	3051	1909	3463	4591	3680	6779
俄罗斯对中国内地投资	181	179	149	209	247	254	282
俄罗斯对中国香港投资	64	1153	н/д	1239	346	324	341
俄罗斯对中国内地和中国香港投资	245	1332	н/д	1448	593	578	623

资料来源：作者根据俄罗斯中央银行的数据绘制。

此外，超过一半的中国投资进入了金融与保险业。近年来对采矿业的投资有所增加，但对于工业和农业部门来说，尽管进行了各种尝试，吸引到的中国直接投资还不到其总额的 15%（见图 4）。

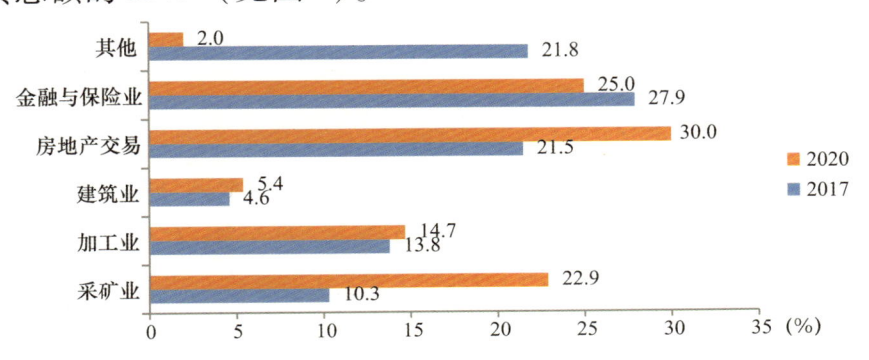

图 4　中国对俄直接投资部门结构（不包括香港特别行政区，数据截止到 2020 年年初）

资料来源：作者根据俄罗斯中央银行的统计数据绘制。

俄罗斯和中国关于俄方在华投资的数据也有所不同。截至 2019 年年初，中华人民共和国商务部评估其数额为 10.7 亿美元，与此同时，如表 4 所示，俄罗斯中央银行援引的数额几乎只有前者的二分之一。不过无论官员和金融专家们如何计算，俄罗斯对中国经济的投资都是如此微不足道，以至于根本不值得讨论它们的实际意义。正如对俄投资指南的中国编纂者指出的那样，俄中投资合作仍处于初始阶段。

俄中经济关系中的俄罗斯远东

俄罗斯远东地区的学者们在其发表的论文、专著中极其详尽地分析了俄罗斯远东在俄中经济关系中的作用以及两国中央和地方政府对推进经济关系发展的立场。我们只援引一些最重要的、说明该领域一般进程的论点以及关于这方面的真实统计数字。

20 世纪 90 年代，无论是莫斯科还是北京对待两国地区间往来和边境交流都持中立态度，没有特别帮忙，但也不曾阻碍其发展。中国政府批准了引进俄罗斯资源促进本国东北地区发展的战略，而俄罗斯政府没有看到发展这些关系对联邦中央有什么特别的好处，因此对其几乎不闻不问。在 21 世纪到来时，双方的态度发生了变化。俄罗斯确立了吸引中国资本和劳动力来解决远东和外贝加尔地区加速发展问题的思路，而在中国的构想中有一个将俄罗斯远东地区作为进一步"走出去"的中转区的内容。在21世纪的第一个十年即将结束时，双方形成了协调彼此的计划和努力以推进两国边境地区发展的思路，这体现在《俄罗斯联邦远东及东西伯利亚地区与中华人民共和国东北地区合作规划纲要（2009—2018年）》中。尽管该规划纲要实际上并未付诸实施，但这个想法并没有"泥牛入海"，并且得到2018年签署的《俄中在俄罗斯远东地区经贸和投资合作发展规划（2018—2024年）》和《俄罗斯远东及贝加尔地区和中国东北地区农业发展规划》的支持。

普京在2012年"从上而下"批准了吸引中国参与该地区经济发展的方针，呼吁利用"中国的潜力实现西伯利亚和远东地区的经济振兴"。俄罗斯远东各地区政府热情接受了这一方针，在他们制定的战略和计划中中国开始成为这些地区对外经济活动最重要的方向。与中国毗邻的外贝加尔边疆区、阿穆尔州和犹太自治州对于发展对华关系尤其感兴趣，在这些地区的对外经济交往中，其南方的邻居一直占据80%以上的份额。

从中国方面来看，毗邻俄罗斯的黑龙江省、吉林省和内蒙古自治区从20世纪80年代后半期以来一直对发展与俄罗斯远东各地区的关系表现出持久的热情。他们的兴趣首先在于寻求外部资源以解决近年来中国东北地区日益严重的社会经济发展问题。不过每个地区都有自己的办法和优先事项。

在 2001 年《条约》签署后，俄罗斯远东的对外经济关系，如同两国间的关系一样，可以明确划分为两个阶段，分别是 2001—2012 年和 2013—2019 年。其中第一个阶段的特点是贸易额不断增长，这一趋势并未受到 2008 年国际金融危机的显著影响。第二个阶段的特点是经济交往规模的急剧下降以及随后的缓慢复苏。如果为精确起见只分析 2018 年以前的俄罗斯远东联邦区（那时该区不包括外贝加尔和布里亚特）与中国的经济交往规模，那么其走势在图 5 中清晰可见。很明显，在第一阶段俄罗斯远东联邦区和中

图 5　远东联邦区与中国贸易额曲线图（2018 年以前）

资料来源：作者根据俄罗斯联邦海关统计数据绘制，参见《远东联邦区境内各俄罗斯联邦主体对外贸易》，远东海关局网站。

国之间的贸易额增长到原来的近10倍（从11亿美元到101亿美元），不过在2016年到来前这一数据下降了38%，回到了2012年的水平，尽管后来远东地区的出口恢复了，但也没能达到以前的高点。

在俄罗斯远东联邦区与其另外两个主要贸易伙伴——日本和韩国的关系中也能发现类似的情况。在2020年以前，远东联邦区与前者的贸易规模一直没有再达到2012年的水平，而其与后者的贸易额直到2019年才略微超过2012年的纪录。其结果是中国作为该联邦区主要对外经济伙伴的地位在过去十年中显著加强。如果说在2014年中国占远东联邦区出口总额的18.7%和进口总额的42%，那么到2019年，这两个数字分别增加到24.8%和61.9%。然而中国并不是远东地区出口贸易的主要目的地。从2013年到2019年，中国仅占远东联邦区出口总额的20.8%，韩国占据了30%，而日本占据26%。但是作为远东联邦区进口商品的主要供应商，中国在这些年没有对手，贡献了该地区进口贸易总额的46%，远远超越排名第二的日本（13%）。

应该指出的是，远东联邦区下辖的各个主体参与对华经济关系的程度各不相同。远东联邦区70%以上的对华贸易集中在三个地区：滨海边疆区、哈巴罗夫斯克边疆区和萨哈林州。滨海边疆区是俄罗斯远东区域内的一个独特枢纽，从中国进口的货物通过这里转运到该区域的大部分地区（2018—2019年，远东联邦区从中国进口货物的68%—

70%要通过这里）。哈巴罗夫斯克边疆区和萨哈林州则占据了远东地区对华出口的半数（2019年占55%）。

远东联邦区对华出口贸易的结构在过去二十年中没有明显变化（见表5）。无论是21世纪初还是今天，该地区对华出口贸易以三项货物为主：矿产品、鱼类和海产品以及木材。其中，对中国的鱼类和海产品供应增长最为显著。

表5　　　　俄罗斯远东联邦区对华进出口贸易结构

商品类别	2005年 数额（百万美元）	在出/进口总额中的比重（%）	2019年 数额（百万美元）	在出/进口总额中的比重（%）	增长（倍）
俄罗斯远东联邦区出口贸易					
石油和石油产品	916.1	45.0	2681.7	41.6	2.9
鱼类和海产品	112.2	5.5	1648.2	25.5	14.7
木材	528.5	25.9	894.7	13.9	1.7
其他	480.2	23.6	1228.8	19.0	2.6
合计	2037.0	100	6453.4	100	3.2
俄罗斯远东联邦区进口贸易					
民用消费品	544.5	45.8	283.2	6.7	1.9
食品	208.0	17.5	535.7	13.3	2.6
机械、设备、交通工具	178.3	15.0	1886.0	47.1	0.6
金属和金属制品	96.3	8.1	346.0	8.7	3.6
化工产品	86.8	7.3	419.0	10.5	4.8
其他	74.9	6.3	546.7	13.6	7.3
合计	1188.8	100	4016.6	100	3.4

资料来源：作者根据俄罗斯联邦海关统计数据绘制，参见《远东联邦区对外贸易》，远东海关局网站。

与此同时，远东联邦区从中国进口贸易的结构却发生了明显变化。1999 年，食品及其原材料占据进口额的 67%，但到了 2005 年，这类商品的份额已经下降到进口额的 17.5%（见表 5）。在中国对远东联邦区的出口贸易中，技术产品（机械、设备、交通工具）的份额开始逐渐增加。从 2000 年到 2008 年，从中国进口到远东地区的此类商品贸易额增加到原来的 72.8 倍（从 850 万美元到 8.463 亿美元），其在进口商品结构中的比重从 5.3% 增加到 20.0%。当前此类商品几乎占据了从中国进口贸易的一半。总体来看，2018—2019 年远东联邦区进口的 55%—57% 的机械设备、51% 的金属、两年中分别为 52% 和 44% 的食品以及 44% 和 23% 的交通工具都来自中国。

在对比俄罗斯和中国之间在国家层面和毗邻地区层面的经济关系时，还有一种趋势颇为引人关注，这就是远东地区从中国进口贸易的巨大跌幅（见表 6）。货币危机和俄罗斯人购买力的下降对远东联邦区与中国的经济关系打击最为沉重。

表6　　　　俄中贸易：危机时期的贸易额跌幅　　（单位：10亿美元）

	2019年1—6月	2020年1—6月	跌幅	2019年1—6月	2020年1—6月	跌幅	2019年1—6月	2020年1—6月	跌幅
俄罗斯										
全世界	319.7	265.6	16.9%	206.7	160.0	22.6%	113.0	105.6	6.5%
中国	51.1	48.2	5.7%	26.9	23.8	11.6%	24.2	24.4	+0.8%

续表

	2019 年 1—6 月	2020 年 1—6 月	跌幅	2019 年 1—6 月	2020 年 1—6 月	跌幅	2019 年 1—6 月	2020 年 1—6 月	跌幅
俄罗斯远东联邦区									
全世界	18.4	14.9	19.0%	14.5	11.3	22.0%	3.9	3.6	7.7%
中国	4.9	4.7	4.0%	3.1	3.0	3.2%	1.8	1.7	5.6%

资料来源：作者根据俄罗斯联邦和远东联邦区海关统计数据绘制，参见《远东联邦区的对外贸易》，远东海关局网站；《俄罗斯联邦对外贸易》，俄罗斯联邦海关局网站。

俄罗斯远东联邦区和中国之间经济关系水平的跌幅要比两国间经济关系水平的跌幅更甚，这导致该地区在俄中经济关系中的重要性下降：2013 年该地区在俄中贸易中的份额为 13.8%，到 2019 年则仅为 9.5%。

对吸引中国资本参与太平洋俄罗斯地区经济发展的尝试可以作出不同的评价。一方面，从 2014 年年初到 2019 年年末的五年间，中国在该地区的累计直接投资额从 2.47 亿美元增长到 7.07 亿美元，几乎是原来的三倍。但是俄罗斯远东联邦区在中国对俄直接投资总额中所占的份额仅为 10.4%，而中国在俄罗斯远东联邦区引入的外国直接投资总额中所占比重仍然不到 1%。除此之外，68.5% 的中国投资集中在外贝加尔边疆区，投入远东联邦区唯一一家拥有中国资本的大型工业设施——阿玛扎尔制浆造纸联合工厂。另外 1.01 亿美元（14.3%）留在滨海边疆区，6600 万美元（9.3%）在阿穆尔州，远东联邦区的其他地区仅得到 5600 万美元的投资。但是官方统计数字无法区分那些通过离岸公司进行的中国投资，特别是对林业、农业和采矿业大型公司的投资。

结　　语

本文并未涉及俄中经济合作的一系列专门领域，比如交通基础设施、旅游、劳动力资源等。中国劳动力在俄罗斯的规模在21世纪的第一个十年结束时达到顶峰，但从那时起由于各种原因中国劳动力在俄罗斯的规模明显缩小。自21世纪第二个十年中期以来，双方——特别是中方——一直在积极发展观光旅游，这对旅游业本身及其相关行业起到了推动作用。两国之间边境口岸的状况仍然是众说纷纭的话题。所有议题都相当独特，存在不少暗流潜影，因此需要进行专业和相当周密的研究，但本文因为探讨范围过于狭窄所以无法面面俱到。

总体来说，对俄中经济合作进程和成果的研究得出了趋势相反的两个结论。一方面，在过去二十年间双方的贸易额显著增长（是原来的14倍）。中国已成为俄罗斯的主要贸易伙伴，双方相互直接投资增加了许多倍。另一方面，在此期间两国贸易往来中的商品种类明显减少，俄罗斯对中国的出口以原材料为主，与此同时俄方对中方的食品依赖转变为技术依赖。俄罗斯在中国经济伙伴中的地位没有改变。2019 年俄方也跻身中方的十大经济伙伴之列，但其所占份额仅为中国出口总量的 2% 和进口总量的 2.9%。

最重要的是，双方经济关系的性质没有改变，这种关系的核心是用原材料交换制成品。也许在目前只有一种商品能够真正把俄罗斯和中国的经济紧密联系在一起，这就是原油。2019 年俄罗斯向中国提供了 7770 万吨石油，占中国石油进口总量的 15% 和俄罗斯石油出口总量的 29%。这就是俄中经济关系对外部因素，特别是能源价格的影响如此敏感的原因。

令人遗憾的是，一些非常重要和前景广阔的构想没能实现。生产协作，特别是在高科技产品生产领域的合作尚未成形。通过协调双方经济活动来加速俄罗斯远东联邦区和中国东北地区等两国偏远地区发展的初步尝试遭遇了挫折。两国边境合作的潜力完全没有发挥出来。俄罗斯实际上没能参与到中国的"一带一路"倡议中来，也没有对未来发展的认真规划，而这种规划必须立足于共同的科技研发。

到目前为止，俄罗斯高层对如何利用中国巨大的人口和经济潜力来促进本国发展尚未形成愿景。在中国与俄罗斯远东之间有着漫长的边界线。让人难以置信的是，俄罗斯政府于 2020 年 9 月批准的《2024 年前远东发展国家纲要及 2035 年远景目标》中甚至没有提到与世界第二大经济体的经济合作，而其边境地区充其量被认为是向第三国转运中国货物的中转区。当然，还有一个安全垫——"西伯利亚力量"天然气管道投入使用，双方的贸易规模无疑会再次打破现有纪录。但是，除了将俄罗斯出口贸易中的原材料份额提升到95%、增加联邦预算和巩固国有企业的地位之外，这还能改变什么？

俄中政治和经济合作在水平和质量上的落差是当今两个大国战略伙伴关系的阿喀琉斯之踵。这是一个不设防的区域，那些不愿意看到强大、独立、自给自足的俄罗斯和中国存在于世的敌对势力会对其进行有针对性的打击。如果莫斯科和北京在其经济合作中不充分发挥才智、知识、科学、技术和创造力的作用，这个弱点会一直存在。

俄罗斯和中国数字未来的前景与挑战

阿·亚·马斯洛夫
俄罗斯科学院远东研究所代理所长
俄罗斯高等经济大学教授
俄罗斯国际事务委员会会员

阿列克谢·亚历山德罗夫·马斯洛夫

俄罗斯自然科学院院士,教授,博士生导师。曾在俄罗斯人民友谊大学世界历史教研室、俄罗斯人民友谊大学中国战略研究中心、俄罗斯高等经济大学世界经济与国际政治系工作。现任俄罗斯科学院远东研究所代理所长,俄罗斯国际事务委员会会员,欧洲汉学协会和美国历史学家协会会员。研究领域为东亚区域问题。

近年来，加快发展新的数字技术，并且从各方面保证信息安全的问题，一直是许多国家发展进程中的一个极为重要的问题，俄罗斯和中国也是如此。从来都是开放的、人人都可享用的数字媒体，同时也是产生各种各样的网络威胁以及社会舆论操纵方式的温床。中国和俄罗斯都在采取一系列旨在保护数字媒体的措施，包括建立拥有主权的、稳定的互联网和企业网。2019—2020年，中国为全世界提供的5G、云储存等技术，遭受了极为猛烈的攻击。处于重压之下的还有包括华为、阿里巴巴、中兴以及其他许多公司在内的中国科技产业巨头。因此，信息传媒技术结构的发展问题与保证全球竞争力和安全的问题密切相关。

俄中两国在科技领域的合作明显扩大，并在应对共同的挑战。此外，两国常常莫名其妙地一同落入由美国、加拿大等国政府炮制的"网络威胁"名单。因此，俄罗斯与中国在这方面的相互协作十分重要。

俄罗斯和中国正在研究制定数字经济领域大致相同的措施，不过也存在一些重大差异，这首先在于种种处理方法的不同。尽管如此，两国如今都已经有了保障信息传媒技术安全方面的极其严格的法律。英国的Comparitech公司在 2020 年 3 月对 76 个国家的网络安全程度进行了分析研究，结果发现俄罗斯的法律最符合这一领域的当前要求。研究数据表明，已经制定了最符合当代要求的总体网络安全法律的国家是法国、中国、俄罗斯和德国。

俄罗斯和中国在这一问题上的立场正在明显趋于一致。首先是因为两国对来自网络空间的攻击和威胁的综合性的认识。这既包括恐怖主义威胁，也包括对重要基础设施目标的网络攻击，还包括可能通过在社会网络上传播虚假消息来破坏政治和经济形势稳定。其次是建立本国平台和加密互联网，以及本国的社会网络。中国在这方面很早就已开始行动，并且如今已经建立了本国的社会网络系统（微信、豆瓣、优酷等），俄罗斯的做法则是既利用本国平台，也利用国际平台。中俄两国在这一领域的相互协作还有一个重要因素，就是双方都愿意推进更加广泛的力量协调，包括通过上海合作组织、金砖国家等平台来协调。所以，俄罗斯和中国共同提出了旨在未来不仅加强网络安全，而且在高新信息技术领域广泛协作的一揽子措施。

中国在数字经济领域的措施

中国当前数字技术发展的特点在于，中国政府已将最初方向不同、计划各异的诸多发展方面结合在一起。首先就是将实现数字化、保持电力网的稳定和远程电力传输结合起来。在这方面正在实现的几个方案是：2015 年发布的《中国制造 2025》，2016 年的《国家信息化发展战略纲要》，2017 年的《网络空间国际合作战略》，2020 年的《新型基础设施》，等等。构成法律基础的是 2015 年的《国家安全法》、2017 年的《网络安全法》等法律。

最近几年，中国政府已把信息安全当作其主要的优先工作之一。首要措施包括在对中国安全至关重要的部门（例如银行业）实行严格的外国信息产品使用规则，主要目的是堵住黑客和外国情报机构得以进入的潜在漏点，巩固中国的网络产业。由于这些措施的实行，中国的信息安全市场得到迅速扩大。根据美国市场调查公司 Technavio 的数据，中国信息安全市场的规模已从 2014 年的 21.1 亿美元增长到 2019 年的 36.2 亿美元，年增长幅度达到两位数。

中国目前在网络安全方面所作的努力，无论在军事领域还是非军事领域，其广度都已超过美国和欧洲。比如说，美国在国家层面的数据保护方面还没有形成一致的观点，只是打算为军事领域以外的网络空间制定明确的战略。欧盟国家的情况也大致如此：《欧盟通用数据保护条例》显然并非是出于国家安全和社会稳定的更广泛目的而制定的。不过，欧洲对安全问题，尤其是数字贸易安全，也已开始持更严格的态度了。

中国正致力于将自己在计算机安全领域的研究成果推

广到外部市场，与各伙伴国一起建立共同的安全框架。例如，2020年9月，中国宣布将要就保证数据安全问题发起一项可以作为世界标准的全球倡议。这是中华人民共和国外交部长王毅在"抓住数字机遇，共谋合作发展"国际研讨会上宣布的，他指出，中国没有也不会要求中方企业违反别国法律向中国政府提供境外数据。整个倡议包含八条建议，目的是保护全球数据、保证供应链安全、促进数字经济发展、落实制定全球规则的计划。该倡议是中国对保证全球数据安全的承诺。中国建议各个国家综合地、客观地根据实际情况去做这件事，反对利用数据进行危害别国国家安全和别国利益的活动。中国还呼吁各国抵制相互进行大规模监控的做法，不要求本国企业将境外产生、获取的数据存储在本国境内。

这一倡议是根据专家的意见发起的。专家们认为，日益加剧的数据安全风险已经威胁到国家安全、社会利益和个人权利，从而也提出了全球数字治理的新任务。所以，中国致力于保护中国专家通常所说的那些"重要数据"，因为这些数据一旦丢失，就会影响到国家安全和经济安全，影响到社会稳定或国内居民健康。此外，比如说在半导体生产领域，中国基本上仍然依赖外国成套产品。就2019年的情况来看，中国只有16%的半导体产品是在国内生产的。可见，中国尚未掌握足够的经验和专利技术，所以才有了同外国伙伴进行合作的可能性。与此同时，俄罗斯拥有大量的专家，包括俄罗斯各主要大学（例如莫斯科国立罗蒙诺索夫大学、莫斯科国立鲍曼技术大学、莫斯科物理技术学院）所属研究中心的专家，他们由于种种原因未能直接让自己独有的研究成果走向国际市场。实现俄中两国共同的高科技计划可以有各种途径，例如建立双方合办的高科技园区，也可以充分利用北京理工大学和莫斯科国立罗蒙诺索夫大学在深圳联合开办的深圳北理莫斯科大学的力量，来创建共同实验室和联营生产企业。

2020年7月2日，中国全国人民代表大会常务委员会通过了《中华人民共和国数据安全法》草案，这是中国对于其司法管辖权之外的公司行使法律权力的首次系统性尝试。根据将于2021年生效的这一法律文件，在中国从事业务的公司可能会被要求检查其遵守网络安全措施的情况并提供相关证明。在中国境内进行经营活动的机构，必须通过政府指定的机关开具其所从事业务的网络安全方面的证明，这些机构还可能被要求详细说明其在境外的网络安全情况，以便获得相关证明。根据这项法律草案，中国的中央和地方政府机关有权确定各地区和各部门的"重要数据"。

2020年的新冠肺炎疫情证明，数字网络对于工业和整个经济能否保持平稳运行具有巨大的影响力。加快建设新型基础设施不仅是新冠肺炎疫情所造成不利结果的重要应对手段和经济不间断运行的保证，而且也是促进技术创新、赋予经济发展新动力的措施。

中国的信息传媒技术管理制度可以说是彼此相互联系的、由国家行政机关逐步制定的各项战略、法律、措施、规则和标准的组合。同时，这一组合的各个部分又涉及数据保护、关键基础设施、编码、互联网信息存储以及对中国信息传媒技术产业的扶持等各个方面的规则。就目前来看，最重要的是《网络安全法》，不过许多相应措施和标准尚处于研究制定阶段，特别是有关数据流动、个人信息、关键基础设施等的新标准还有待通过。

中国于2018年举行的中央经济工作会议提出，"要加快5G商用步伐，加强人工智能、工业互联网、物联网等新型基础设施建设"。2019年的中国政府工作报告也提出，"要加强新一代信息基础设施建设"。2019年中央经济工作会议强调，必须"稳步推进通信网络建设"。2020年3月4日，中共中央政治局常委会举行会议，会上提出，"要加快5G网络、数据中心等新型基础设施建设"。

2020年4月28日，中国国务院举行常务会议，会上通过了加快推进信息网络等新型基础设施建设的一些新措施，明确了"创新投资建设模式""以应用为导向"等一系列要求。这些决策成为加快创建新型基础设施的信号并为其发展指明了方向。

中国国家发展和改革委员会已经明确了新型基础设施的范围，并且提出，新型基础设施要以新发展理念为引领，以技术创新为驱动，以信息网络为基础，面向高质量发展需要，提供数字转型、智能升级、融合创新等服务。

推进新型基础设施建设，要协调处理好三个关系。第一，要注重协调好政府投资和民间投资的关系；第二，要注重推动新基建投资与传统基建投资协调发展；第三，要注重处理好政府政策引导与市场配置资源的关系。可见，引入民营企业是这一基础设施发展的重要部分，同时，中央管理部门还要"研究制定全国性的新基建投资发展规划，省级政府部门也要研究制定符合本地情况的新基建投资发展规划"。此外，制定规划时还要做到"投资规划宜粗不宜细，主要起到发布信息、引导投资的作用"。

2020年举行的中国全国人民代表大会会议宣布，政府除了对《中国制造2025》和《中国标准2035》加倍投资外，还要拨款约14000亿元作为国家对新的数字基础设施的投资。新型基础设施包括七大关键领域：5G网络、工业互联网、城际交通和铁路系统、数据处理中心、人工智能、特高压电力传输和新能源汽车充电站。

与新型基础设施项目相关的投资总共约为10万亿元（1.4万亿美元），截止到2025年的下一个五年规划期间的投资为17.5万亿元（2.51万亿美元）。

单就5G网络来说，到2020年年底，中国计划建成60万个基站，而到2025年，基站数量将增加到约500万个。

2020年4月，中国国家发展和改革委员会公布了新型基础设施的现代划分，它包括与新一代技术相关的三大方面。

其一，信息基础设施——这是技术发展的基础，这项技术可以提高生产率，可以使获取信息（包括采集信息、存储信息、传播信息和分析信息）的速度、准确性和广度得到提升。它包括5G、物联网、工业互联网、人工智能、云计算、区块链、数据中心和智能计算中心。

其二，创新基础设施即公益性基础设施，它们能够支撑产业技术的科技基础设施、科教基础设施和创新基础设施。这类基础设施包括科研机构和创新产业园等。

其三，融合基础设施，它通过综合应用互联网、大数据、人工智能和其他支撑传统基础设施转型升级的技术而形成。然后，所有这些技术会被用于发展智能交通基础设施（建设城际高速铁路和市内铁路系统），还会用于发展智能电力基础设施（新的电动汽车充电站和高压输电线路）。

表1　　　　　　　　新型基础设施发展综合数据

新型基础设施	直接投资
5G	到2020年年底，中国计划建成60万个5G基站，到2025年，基站数量将增加到约500万个
特高压传输	根据State Grid Data的数据，目前在建的特高压电力传输项目共有16条线路，总投资约为2577亿元（370亿美元）。基本建设周期为2—3年。到2025年，预计投资总规模将超过5000亿元（720亿美元）
人工智能	根据国际数据公司数据，到2025年，中国人工智能芯片市场规模将达到1000亿元（144亿美元）。人工智能基础设施建设将会推动计算机自然语言处理和其他技术快速升级，还会推动智能医疗、智能交通、智能金融等技术快速发展

续表

新型基础设施	直接投资
工业互联网	到 2025 年，基本建成覆盖各地区、各行业的工业互联网网络基础设施。按照 13.3% 的复合增速计算，预计到 2025 年新增投资规模将超过 6500 亿元（934 亿美元）

资料来源：作者根据赛迪智库电子信息研究所发布的《"新基建"发展白皮书》编制。

已经有 25 个省市开始落实各自的新型基础设施建设规划。上海规划确定的未来三年总投资的目标为 2700 亿元（387 亿美元），广州签约的新型数字基础设施建设方案有 16 个，投资总额为 566 亿元（80.9 亿美元）。在浙江，61% 的新建设项目是高技术领域的项目，比 2019 年增加 20%。

中国宣布，到 2025 年，将投资 5000 亿元（720 亿美元）用于特高压电力传输项目，1000 亿元用于人工智能芯片项目，6500 亿元（934 亿美元）用于工业互联网项目。中国政府还宣布，到 2025 年年底将建成 500 万个 5G 基站，这就意味着在不到五年的时间里使功率增大 25 倍。

国家是主要投资者，但是就各个领域来看，国家投资的参与程度是不同的。比如说，创新研究和卫星通信将会获得大量国家投资，而应用研究、虚拟现实、3D 打印以及智能机器人产业将得到民间投资支持。对于外国投资来说，进入这些领域的门槛也是比较低的。

在一些情况下，外资参与这些行业是受限制的。就互联网数据处理中心和 5G 网络来说，外国投资实际上是无法进入的，而对工业互联网和人工智能的投资通常会得到支持。

《鼓励外商投资产业目录（2020年版）》中提出，将产业目录增加56条，增加了带有独立操控技术的激光雷达（光学雷达、测距雷达）和毫米波雷达以及电动汽车充电站的生产。在计算机、通信和其他电子设备制造业领域，提出的目录中增加了智能传送装置、智能无人驾驶飞行器、为客户提供服务的机器人以及用于智慧家庭的系统和装置的生产。此外，还有视频组件（光学镜头、激光器、感光芯片、雷达、光电模块等）和5G移动终端（电话、汽车、无人驾驶飞行器、虚拟现实和附加显示器）的生产。

俄罗斯在数字经济领域的措施

俄罗斯也通过了2019—2024年的"数字经济"综合规划。在这一规划框架内，计划拨付342.04亿卢布（其中1.05亿卢布为联邦预算拨款）用于"信息安全"方面的发展，同时，主要开支按"国家预算附加支出"科目列支（179.84亿卢布）。另一个重要的拨款科目是"数字技术"方案，计划为实现该方案拨款4518.09亿卢布。

2018年5月7日的俄罗斯联邦总统令——《2024年前俄罗斯联邦发展国家目标和战略任务》已向俄罗斯联邦政

府下达指示：要协同各联邦主体国家政权机关，到2024年实现《俄罗斯联邦数字经济国家规划》，同时，要利用各种资金来源增加国内对数字经济发展的开支（按国内生产总值比重增加），至少比2017年增加两倍；还要建立能够稳定安全地高速传输、整理、存储大量数据，且所有机构和家庭均可享用的信息通信基础设施。此外，建议国家机关、地方自治机关及其他机构使用国内软件。

可见，在保证数字安全和实现国家发展目标方面，俄罗斯和中国的立场在很多方面是一致的，其中便也包括扩大数字媒体覆盖面、优先使用本国信息传媒安全软件。不过，在中国的方案中，数字媒体的含义更广：它是综合基础设施的一部分，是中国《新型基础设施》方案的一个目标。

俄罗斯和中国都面临着同样的挑战，都在制定大致相同的战略，所以两国近年来已开始在应对潜在网络威胁方面，主要是在创建向善的数字未来方面，进行积极合作和交换信息。自2015年起，莫斯科和北京就已根据专门签订的协议在保证信息安全方面正式进行合作，该协议涉及双方共同面临的种种威胁，首先是非法获取计算机信息并干涉国家内部事务，扰乱社会秩序，煽动民族之间、种族之间、宗教之间的敌对情绪，宣扬种族主义、排外主义思想和学说，以及破坏国内政治局势和社会经济局势等犯罪活动。双方也通过俄罗斯国家杜马安全和反腐败委员会的渠道交换新的网络威胁信息，例如，2019 年 2 月，该委员会代表团曾多次会见中国全国人民代表大会一些专门委员会的领导人。俄罗斯与中国在一些多边组织框架内共同建设数字未来、保护网络安全的合作也在不断扩大。

实际上，俄罗斯和中国的合作已经迈向新的高度，从贸易合作扩展到了在技术和基础设施方案等方面的多层次合作，这也必然会加快推进两国在共同创建高新科技园区、科学实验室和分析鉴定中心方面的相互合作。

尊重和理解：社会科学使俄罗斯和中国的关系越来越紧密

亚·弗·洛马诺夫

俄罗斯科学院普里马科夫世界经济与国际关系研究所副所长

俄罗斯国际事务委员会会员

亚历山大·弗拉基米罗维奇·洛马诺夫

教授，博士生导师。现任俄罗斯科学院普里马科夫世界经济与国际关系研究所副所长、亚太研究中心主任，俄罗斯国际事务委员会会员。研究领域为中国思想史、中国当代政治。

尊重和理解：社会科学使俄罗斯和中国的关系越来越紧密

20年前签订的《俄中睦邻友好合作条约》已经充分显示了其强大生命力。随着时间的推移，《条约》确定的双方合作的各个方面都需要进一步细化。俄中关系并没有停留在原地，而是持续不断地向前发展，该条约逐渐成为加深两国合作的重要推动因素。人文社会科学领域也是如此。

《条约》的第16条提到，两国"在互利的基础上开展经贸、军技、科技、能源、运输、核能、金融、航空航天、信息技术及其他双方共同感兴趣领域的合作"。社会人文科学具有明确的学科和方法论特点，这一特点使它们不同于科技和创新活动。关于社会和人的科学认知对于增进俄中两国相互理解非常重要。因此，这一领域的合作得到两国领导人的格外关注，两国知识界精英也积极参与了合作。

在《条约》文本中可以找到对这方面重要性的间接提法。在《条约》第3条中谈到，两国相互尊重"对方根据本国国情所选择的政治、经济、社会和文化发展道路"。在过去20年时间里，俄中两国之间积累了丰富的相互信任精神资本。如今，在不放弃相互尊重原则的前提下，应该跨进深入相互理解彼此发展道路的新时代。要分析作出这一选择的历史和文化前提条件，认清它们对对方的国家发展战略的影响，在实现本国未来前进目标的过程中利用这些认知。

人文社会科学在这方面起着不可替代的作用。研究邻国的政治、经济、社会和文化发展是经济学家、政治学家、社会学家、历史学家、文化学家、哲学家、宗教学家的使命。未来，他们在巩固俄中两国合作的智力基础方面的作用将会不断增强。

中国道路与共同经验

中国国内出现的一些新趋势是积极开展俄中两国在人文社会科学领域合作的重要推动因素。2016年5月，习近平主席提出了构建"中国特色哲学社会科学"的任务。这项宏伟的智力方案的核心内容就是构建"三个体系"：学科体系、学术体系、话语体系。这一整套综合体系必将具有国家性质，并且充分地"体现中国特色、中国风格、中国气派"。

在中国，这项任务被视为重要的、必须优先完成的任务。这就是说，要加快构建既汲取中国传统又吸收国外优秀成果、既有历史经验又不乏对当代现实问题理解的科学体系。中国的社会科学必将具有新的研究质量，必将在外部世界获得影响力和威信。这就是说，要对人和社会的问题有自己的理解，而不是机械地遵循国外的学术标准。中国领导人强调，仅靠取得自然科学成就，中国是不可能进入当代世界先进国家行列的，人文社会科学的繁荣是评价国家发展水平的一条不可分割的标准。

研究中国在这方面的经验对于当前的俄罗斯来说很重要。俄罗斯的社会问题、历史问题、文化问题远非都能借助西方的模式来解决。中国构建具有本国特色的社会科学的战略虽然不可能被复制，但应当认真对其加以研究，吸取对我国有益的经验教训。俄罗斯和中国正处于在当代世界探寻各自认同的时期，需要交换科学研究成果，更多地利用非西方来源的国外智力资源。

还有一个重要的方面，这就是两国的科学发展道路相似。20世纪中叶，苏联的科学认知体系曾对中国产生重大影响。后来，两国都经历了广泛采用西方理论观念的时期。随之而来的是对各自的社会特点、体制特点和文化特点的科学反省，而没有退回到以前的借鉴方案。俄中两国都能够认真地比较自己的科学发展轨迹。

中国社会科学院院长谢伏瞻指出，1949年以后，中国曾按照苏联的做法，开辟了与计划经济实践相联系的新的经济学研究方向。1955年，中国科学院仿效苏联科学院的学部制，设立了4个学部。中国哲学社会科学学部由14个学术机构组成，其中包括按照苏联科学院社会科学学部模式成立的哲学研究所、经济研究所、文学研究所、历史研究所、考古研究所、法学研究所。中国社会科学院院长认为，当前十分有必要开发具有现实意义的新课题，例如，什么是创新发展，如何评价创新发展；什么是现代经济学体系，如何建立这一体系；互联网经济、共享经济以及诸如此类的新的经营形式是怎样的；人工智能、大数据、区块链对社会有什么影响。

当代世界的种种发展趋势有待中国学者进行概括性的战略研究，关于正在发生的种种全球变化的特点、根源和趋向的问题有待中国学者作出回答。当前需要研究的紧迫问题是：如何看待全球治理体系加速变革对中国的影响，如何反制西方国家遏制中国的政策，如何评价民粹主义全球蔓延这一现象，如何认清西方国际关系理论的种种变化，如何构建有中国特色的国际关系理论和政治学。

中国为应对当代现实挑战而进行的国际研究的各个方向也需要得到俄罗斯专家的关注。俄罗斯优先研究的问题可能与中国不同，对当今时代一些问题的回答也可能与中国不一致。然而，承认差别并不是否认两国所遇到问题的共性。学术共同体层面的对话、交换意见、合作研究是解决当今世界现实问题的种种方法的重要协调手段。发展俄罗斯科学院全球问题与国际关系学部和中国社会科学院国际研究学部之间的伙伴关系可以成为俄中两国科学合作的重要组成部分。

"富矿"

经济学认知领域能够成为一个大有前景的合作方向。中国领导人认为，中国几十年来积累的改革经验可以用来推动各项理论研究。2020年8月24日，习近平主席在接见著名经济学家时提到，中国在发展理念、所有制、分配体制、政府职能、市场机制、宏观调控、产业结构、企业治理结构、民生保障、社会治理等重大问题上提出了许多重要论断。这位中国领袖把新时代改革开放的实践称为理论和政策研究的"富矿"。

对中国经济进行分析的重要性是难以估量的，这一课题早已引起世界各国学者的关注。然而，由于对这一课题的研究是利用西方那套经济学进行的，所以通常避而不提中国在这方面的理论探索。要充分全面理解中国的发展战略，就不能不注意到它在构建中国特色经济学方面所做的种种努力。中国学者难以在注重世界经济学的参与和强调中国经验的独特性之间达到最佳平衡，也难以人为加快在改革实践的基础上建立本国具有普遍意义的经济学理论的进程。然而，构建中国特色哲学社会科学的方针正在促使中国学者们认真思考国外的理念同中国的传统和当代实践相结合的问题，促使他们力求掌握新思想和新方法。

中国的国际关系理论是最先走向外部世界的理论之一，该领域一些创新理念的提出者——赵汀阳、阎学通、秦亚青，获得了广泛的知名度。而中国的国内发展赖以支撑的一些当代政治学理念也同样重要。中国的研究者指出："中国、俄罗斯以及其他一些非西方国家从主权发展的内部需要出发，为了培育自己的政治学并超越西方政治学，正在付出实际努力。因此，对西方政治现实的独立观点和独立分析，对非西方世界政治实践（包括俄罗斯、中国及其他非西方大国的经验教训）的认真研究，共同构成中国和俄罗斯培育各自政治学的主要道路。"

俄罗斯和中国都在解决如何在迅速变化的世界中发展的种种复杂重大问题。国内经验不仅仅是国内理论探索的"富矿"，深入研究邻国如何推进经济改革和政治体制改革，能够使俄罗斯和中国在制定各自的远景规划时产生更多的新思想、新方法。

合作之路

早在苏联解体初期，俄罗斯就已认识到人文社会科学领域交流的重要性。1992年12月，《俄罗斯科学院与中国社会科学院科学合作协议》在北京签署。该协议内容包括：学者互访，俄罗斯科学院和中国社会科学院所属各科研院所之间建立直接联系，交换科研工作所需资料，双方科学图书馆之间进行合作，相互发表学术论文。

　　随后，这项合作与时俱进，稳步地开展起来。2004年俄罗斯科学院院长和中国社会科学院院长指出，发展俄中两国在社会科学领域合作的目的不仅在于促进科学探索，而且在于推动我们两国的全面战略伙伴协作。为了满足扩大学术交往的需要，双方商定，自2007年起将俄罗斯科学院和中国社会科学院之间短期交流学者（交流期限为一周）的名额从每年40人增加到50人。

　　2013年俄罗斯进行的科研改革使俄罗斯科学院的地位和状况发生了改变，致使俄罗斯科学院和中国社会科学院合作协议的继续执行出现困难。然而，俄中战略协作伙伴关系的持续向前发展对扩大和加深双方在人文社会科学领域的合作提出越来越高的要求。

　　2016年6月，俄罗斯国际事务委员会与中国社会科学院签署了合作备忘录。这使得两国在全球和地区问题背景下从事俄中关系研究的专家之间的科学分析协作上升到了新的水平。几年来，每年举行的俄罗斯国际事务委员会和中国社会科学院"俄罗斯与中国：新时代的合作"会议已经获得了知名度和影响力，为专家们提供了广泛讨论全球挑战背景下双方合作前景的平台。

　　在国际政治问题方面俄中协作领域的科学探索已得到卓有成效的发展，这也清楚地表明，有必要恢复覆盖社会人文科学研究所有领域的全面合作，包括政治、经济、历史、文化等领域的合作。推进两国学者深入开展多学科合作的必要性已经愈加明确地提上议事日程。

2019年9月24日，俄罗斯科学院常设院务执行管理机构——俄罗斯科学院主席团举行了会议。会议讨论的重点是与筹备举办"俄中科技创新年"相关的俄中双方协作问题。2019年6月，两国领导人宣布，将在2020—2021年举办这些活动。

在自然科学、科技创新、技术研发等领域双方相互协作的问题和前景受到高度重视的背景下，俄罗斯科学院主席团非常关注关于人与社会的知识。俄罗斯科学院主席团的决定指出："在社会人文科学方面进行合作、在国际关系和全球治理领域实行共同研究、对历史遗产和文化认同加以保护……的现实意义越来越重大。与此同时，原有的一些问题还未解决，尤其是2013年俄罗斯科学院和中国社会科学院之间的一项交流机制停止执行后，新的学术合作制度至今尚未建立，这越来越明显地阻碍着俄中双方在社会人文科学领域学术合作的发展。在完成加强俄罗斯与中国之间学术合作的任务过程中，常会遇到一些意想不到的形式主义障碍，它们阻滞着两国学者的合作，这种现象必然也体现在共同发表学术著作方面。例如，在社会人文科学领域中，按照现行的对俄罗斯学者发表著作活动的评价标准，俄罗斯学者在中国的学术期刊上，哪怕是在中国国内排名靠前的期刊上发表的文章，也不能申报科研成果。"

高于零分

俄罗斯联邦科学和高等教育部对根据国家任务进行的科学研究的报告规定了一些形式上的要求。种种精确明晰的标准已成为学术机构活动的客观评价体系的一部分，这些标准就包括发表成果综合得分。发表学术著作是各个学者和整个学术团体学术活动最重要的指标。按照现行发表成果综合得分的规定，俄罗斯学者需在编入 Web of Science 和 Scopus 国际数据库索引以及俄罗斯科学引文索引（Russian Science Citation Index）的期刊上发表著作，或在列入俄罗斯最高学位评定委员会期刊目录的期刊上发表著作，方可得分。

问题在于，在中国的人文社会科学期刊上发表的著作不在这一目录规定范围之内。一些在社会人文科学领域极具影响力的中国期刊甚至并未进入西方公司的国际数据库，而且它们也不愿意进入。即使在中国最著名的期刊上发表著作，俄罗斯学者得到的发表成果综合得分也是零分。这就削弱了俄罗斯学者在中国学术媒体上推介自己研究著作的主观动机。

然而，在伙伴国定期学术期刊上发表创新研究论文恰恰是双边合作成果显而易见的证明。学者们过去和现在都了解这一点。俄罗斯科学院和中国社会科学院 1992 年签署的协议第 6 条专门指出："双方科学院将相互协助在彼此科学院学术期刊上发表对方科学院研究人员撰写的论文，并且力求在各自的学术刊物上刊发已在对方科学院学术出版物上发表的学术著作的摘要和简介。"

应当从俄中两国在人文社会科学领域合作的重要性出发，努力争取让在中国学术刊物上发表的学术著作在俄罗斯得到正式认可。当然，同时还必须保证这些著作的学术质量。

在中国，得到学术界认可的"核心期刊"的目录林林总总。要选择一个最符合俄罗斯学术标准的目录，就必须由俄罗斯和中国专家共同努力。使用中国社会科学评价研究院的目录是一个可行的方案。该研究院在 2018 年有关 1291 种学术期刊的评价报告中公布了 5 种顶级期刊，56 种权威期刊，519 种核心期刊，711 种扩展期刊。

被中国社会科学评价研究院列入顶级期刊的有中国社会科学院世界著名期刊《历史研究》《经济研究》和《中国社会科学》，这些期刊基本上相当于 Web of Science 和 Scopus 的中位数期刊。权威期刊可以同 Web of Science 和 Scopus 的下四分位数期刊相对应，或者至少可同进入这些数据库的不计四分位数期刊相对应。中国的核心期刊可以大致等同于俄罗斯科学引文索引目录中的期刊。扩展期刊基本上相当于俄罗斯最高学位评定委员会的补充目录中的期刊。

　　对学术期刊的标准所进行的对比是大致的和相对的。进行这一对比是为了表明，国际的、俄罗斯的、中国的人文社会科学领域的期刊是有可比性的。搞清它们彼此的一致性对我们双方都有利，还可以让中国的学者和学术团体了解到刊载他们论文的俄罗斯期刊所拥有的、经过客观评估的地位。

金砖国家与国际安全

安·瓦·科尔图诺夫

俄罗斯国际事务委员会执行主席

安德烈·瓦季莫维奇·科尔图诺夫

研究员。现任俄罗斯国际事务委员会执行主席。历任俄罗斯科学院美国与加拿大研究所美国对外政策研究室主任、副所长。研究领域为俄罗斯内外政策、俄美关系。

在《俄中睦邻友好合作条约》签署后的 20 年中，俄中伙伴关系在世界舞台上达到了新的协调水平。在逆流和混乱状态不断加剧的情况下，俄罗斯和中国基于国际关系基本准则的建设性合作关系具有重要意义。俄罗斯和中国积极参与建立的多边机制有助于维护这些价值观并推广自身对全球格局的看法。在多种多样的类似机制中，特别值得一提的是金砖国家。在俄罗斯和中国的积极组织和引导下，该模式在解决包括全球安全保障在内的最迫切问题上彰显出巨大潜力。

金砖国家（先为四国，后为五国）是世界领先的发展中经济体集团。金砖国家的历史始于 2006 年 6 月，当时，巴西、印度、中国和俄罗斯的经济部部长在圣彼得堡国际经济论坛框架内举行会晤，各方关注的中心首先是经济问题，包括促进自由贸易、改善投资环境、提高国际经济组织的工作效率等。该组织的最初几次峰会都遵从经济优先的原则，如 2008 年 7 月借"八国集团"北海道洞爷湖（日本）峰会举行会晤，2009 年 6 月金砖四国在叶卡捷琳堡（俄罗斯）举行首次正式会晤。2008—2009 年国际金融危机使这个经济和金融领域最大的非西方国家合作机制的发展得到新的推动力。

议程的扩展

新建立的国际俱乐部最初的任务微不足道——既没有设想在成员国之间建立自由贸易区，也没有想整合成员国的经济发展战略，更没有提出本组织如何针对全球或地区安全问题施加影响的问题。从某种意义上说，这个四国（后为五国）组成的新联合组织只是希望对当时已经建成的"20 国集团"改善和治理世界经济的工作做一些补充，推动由于种种原因没有进入西方主要国家视野的改革方向（如国际货币基金组织和国际复兴开发银行的改革）。

还有一种意见认为，金砖国家的成员国资格成为参与国用来向西方伙伴施压的杠杆，以便在经济合作中获得更有利的条件，而且金砖国家内部一体化进程的前景是潜在的，在与西方的合作中并非有说服力的选项。由此，许多专家得出结论，认为金砖国家组织对其参与国的意义主要是达到目的的一种策略，因此该组织不仅在世界经济领域没有战略前景，在其他国际关系领域更是无从谈起。

然而随着时间的推移，金砖国家的议程大大扩展，超出了纯经济问题的范畴。集团峰会越来越多地研究全球治理问题，不仅包括经济领域的全球治理，而且包括政治领域以及军事政治领域。早在2011年4月金砖国家成员国元首会晤（中国三亚）就讨论了联合国综合改革的前景和调解利比亚国内冲突问题。随后，国际恐怖主义和跨境犯罪问题越来越多地被列入其议事日程。除了财政部部长、卫生部部长、教育部部长、科技部部长和农业部部长的定期会晤机制外，金砖国家还建立了安全委员会秘书会晤机制。

议题范围的扩展在很大程度上是因为在21世纪第二个十年内全球和地区稳定问题日益突出、大国地缘政治竞争加剧和国际经济关系政治化。2014年春，俄罗斯与西方国家的关系急剧紧张，而自2016年11月特朗普当选为美国总统之后，美中关系开始迅速恶化。在西方经济和其他制裁行动扩大，能源、信息、粮食和生态安全问题日趋尖锐，政治风险增加的情况下，金砖国家会晤的议事日程开始越来越多地超出狭义的经济问题范畴。

然而，金砖国家在保障国际安全方面究竟能够发挥多么重要的作用，目前还不得而知。许多怀疑论者认为，安全问题不属于金砖国家的讨论范围，而应在上海合作组织或其他"专业性"地区组织内进行讨论，并对此提出相关论据。

怀疑论者的论据

第一，安全与地理紧密关联。历史证明，建立防御联盟或集体安全体系的尝试成功与否，更多时候与潜在参与国地理上相近关系密切。一旦联盟失去了自己"天然的"地理范围，联盟内部就会因为相距遥远的成员国目的各异而产生问题。例如，在北约内部今天很难找到爱沙尼亚、北马其顿和葡萄牙安全利益的公分母（尽管这些国家都位于欧洲），从而大大降低了这个军事政治同盟的有效性。

怀疑论者断定，金砖国家成员国分布于不同的大陆，对于它们来说，不可能存在统一的安全空间，因此金砖国家在安全问题上的合作前景非常有限，最终无非是发表"支持一切好的，反对一切坏的"的共同声明。这一组织不可能为印度和巴西、俄罗斯和南非制定共同的安全问题议事日程，因为对于这些相距如此遥远的国家来说，其关注重点和需要相差十万八千里。

第二，安全领域的合作通常要求有共同的价值观和对世界的一致看法。依靠相似的政治体制和程序，信奉共同的战略文化，在敏感问题上相互协作就会容易很多。今天，美国积极推动建立美国、印度、澳大利亚、日本"四方安全对话"机制（尽管四国在地理上被广阔的太平洋水域分隔开来）作为印度洋—太平洋地区潜在的西方自由民主国家联盟并非偶然。另一方面，我们看到，随着土耳其逐步放弃西方式自由民主标准，北约与其产生了种种问题。

金砖国家在政治制度、社会经济发展水平和国家治理体系方面各不相同。俄罗斯和中国由于历史因素走到一起，印度和南非都曾是大英殖民帝国属国，而巴西则是在葡萄牙殖民遗产上发展起来的。在这些国家中，有的国家与其他成员国的关系非常复杂。因此怀疑论者的结论是，在金砖国家范围内根本谈不上存在任何多边战略伙伴关系。

第三，如果国际组织能够严格划定具体任务，则安全领域的有效合作在大多数情况下能够实现。如果一个国际组织严格规定了具体的安全目标，它就可以成功地达成这些目标。而如果将安全问题放在主要议程之外，那么成功的可能性就会大大降低。例如，欧盟长期以来多次尝试把自己的活动扩展到国际安全领域，但实际成果微乎其微。尽管北约的国际安全保障引发许多问题，但欧盟在这方面还是实实在在输给了北约。

与欧盟一样，金砖国家在经济和金融领域拥有非常广泛的职责范围。因此，怀疑论者得出结论，不要指望该组织在巩固国际安全方面能有多大收获，因为安全问题相比其主要任务来说定将微不足道。

21世纪的安全

对这些论调不能置之不理，但也不能无条件表示赞同。它们反映的传统安全观已经不完全符合21世纪的现实。现实使我们评价金砖国家在安全领域的能力时可以稍微乐观一些，即便当前这些能力暂时还没有得到充分利用。

当然，就地理而言，许多安全问题涉及的主要是地理上接近的国家。冲突与战争以及联盟与同盟主要发生在邻国之间。但是在当今世界，安全的许多方面并没有严格地与地理联系在一起。如网络安全、国际恐怖主义、气候变化、流行病威胁等问题，都没有具体的地理关联，它们就本质来说是全球性的。在金砖国家框架内，正在积极讨论的恰恰是确保国际安全的"非地理"问题：不扩散大规模杀伤性武器，和平利用核能和太空，国际信息安全和与新技术相关的潜在威胁。

此外，世界正在进行的区域化（碎片化）也带来威胁，包括对安全产生的威胁。世界分裂为一些各自封闭的集团，这不仅会导致集团之间的经济竞争，而且最终会形成军事对抗。因此形象地说，金砖国家的行动有助于"缝合"在我们面前撕破的安全外衣。金砖国家框架内的合作可以成为阻碍两极体系形成、大国间发生全面对抗的因素。

至于金砖国家的意识形态领域，与国际安全有关的任务远非总是在共同价值观的基础上得以解决。很多时候，任务恰恰就是要在价值观有显著差异的国家之间寻找利益平衡。例如，1975年建立欧洲安全与合作会议（后为欧洲安全与合作组织）的多边机制，就是要在欧洲的资本主义国家和社会主义国家之间寻求各方满意的利益平衡。在某种意义上，联合国安全理事会的组成就反映了当今世界存在的高度多元化的价值观。

二三十年前流行的一种观念认为，人类社会正在快速向普及西方自由主义价值观的方向发展，但这种想法没有为历史进程所证实。不仅如此，我们有充分的理由相信，随着时间的推移，世界价值观的多元化趋势只会得到加强。在安全问题上达成共识并不是以共同的价值观为基础，而是以一致的利益为基础。

与联合国安理会一样，金砖国家的成员也拥有不同的价值观，这是一个规模不大但非常有代表性的组织，特别是，如果我们不仅考虑其成员国，而且考虑那些以某种方式参与其项目的国家（金砖国家＋），那就尤为如此。因此可以说，如果在金砖国家范围内可以就某个问题达成共识，那么就能在更广的范围甚至全球就这个问题达成共识。由此，可以将金砖国家视为一个实验室，用于测试最有可能被完全不同的参与者接受的安全解决方案。而且，每个金砖国家都有能力拉动众多伙伴和盟友。

最后，我们来谈一谈金砖国家的职责范围。除了其他分类外，国际组织可以分为专业性组织和综合性组织。对于综合性国际组织来说，广泛甚至模糊的职责范围未必不好，如果这种模糊的职责范围既包括安全问题也包括发展问题，就尤为如此。在当今世界，这两个问题不能彼此分离：如果安全得不到保障，就不可能有不断的发展；没有成功的发展，也不会有可持续的安全。

遗憾的是，直到现在，安全问题常常与发展问题处于分离的状态。研究这两个问题的是不同的机构、不同的官员和专家。实际上，发展的逻辑和安全的逻辑相互之间并不矛盾，如果金砖国家能够成功地把这两个逻辑结合起来，将使所有人受益。特别是在当前的联合国系统内，各种专业性组织之间的互动不够，可能更需要这种工作模式。

从观众席走上历史舞台

在当今时代，建立新的大型国际组织是一件非常困难的事情，全世界到处都出现"组织疲劳症"，人们不相信新的官僚机构能使生活变得更好。因此，我们应最大限度地利用包括金砖国家在内的现有多边合作模式，而不是建立新的组织。金砖国家不是其他国际联合组织（如20国集团、上海合作组织、欧亚经济联盟、亚洲太平洋经济合作组织等）的竞争者，它有自己的特点。在安全领域，金砖国家很可能成为利用多边机制应对21世纪新挑战和新威胁的试验场。

应当指出，很长时间以来，金砖国家的参与国都在向西方安全保障模式、西方战略文化、西方国家建立的国际法体系靠拢。这些国家不曾是全球社会财富的主要提供者，在批评西方国家的国际政治观点时，往往不能提出有价值的选择方案。如今，它们从新世界秩序的消极接受者变成积极的建设者，从而获得了弥补过去的历史机遇。衷心希望它们不要错失这样的机会。

当然，如果在双边关系领域出现问题，不应由多边合作代替双边对话。全球性组织不应当无故介入地区安全机构的管辖范围，即金砖国家不应与上海合作组织或欧亚经济联盟竞争。但在我们看来，将金砖国家作为全球性平台（确切地说是全球性平台之一）来制定新国际安全议程的可能性还是巨大的。

以金砖国家名义向整个国际社会发出的共同倡议得到了联合国相关机构的推动，从而增加了单个成员国对全球议程的影响力。在传统的军备控制和维护战略稳定的方法陷入历史僵局的情况下，寻求新的全球安全合作模式尤为重要。

在未来的国际组织体系中确立金砖国家的特殊地位需要付出巨大的努力。因此，我们要遵循以下方针。

第一，金砖国家应致力于全球安全，把地区和地方问题留给更合适的机构。随着全球化进程的恢复，全球议程必将得到扩展，金砖国家及其合作伙伴今后将有足够的工作需要完成。

第二，金砖国家范围内的讨论不应回避难以达成共识的敏感问题。发现分歧与确定共同立场同样重要，因为发现分歧有助于确定今后工作的重点。因此，在金砖国家范围内讨论全球信息空间的行为准则意义重大，这些准则应把获取信息的自由与尊重他国主权和不干预他国内部事务结合起来。

第三，发展与安全的结合是非常有前景的工作。国际关系的未来不是"垂直"地建立在世界政治的官僚结构或职能范围内，而是"水平"地建立在具体项目上，安全与发展将有机地互补。

任何一个组织的工作效率都取决于其成员的意愿。无论是小型的非营利组织，还是金砖国家，都是如此。实际上问题在于，把一个领先的发展中经济体俱乐部转变为建立新世界秩序的工具这样的政治意愿是否存在。而俄罗斯和中国表现出的政治意愿和毅力足以使金砖国家成为21世纪国际安全体系建构中至今仍缺乏的支撑机构。

俄中在上海合作组织中的安全合作

——庆祝《俄中睦邻友好合作条约》签署和上海合作组织成立 20 周年

米·阿·科纳罗夫斯基

上海合作组织原副秘书长

俄罗斯莫斯科国际关系学院国际问题研究所研究员

俄罗斯国际事务委员会会员

米哈伊尔·阿列克谢耶维奇·科纳罗夫斯基

研究员，特命全权大使。曾任俄罗斯驻斯里兰卡（兼驻马尔代夫）、阿富汗和克罗地亚大使，上海合作组织副秘书长。现任俄罗斯莫斯科国际关系学院国际问题研究所研究员，俄罗斯国际事务委员会会员。

在国际紧张局势和全面不稳定趋势前所未有地加剧的情况下，那些对国际进程现阶段的实质有共同看法、准备在全球多向度发展的情况下携手遏制离心失衡活动的世界大国的建设性协作有着相当重要的意义。

在这样的背景下，俄中关系占据特殊的位置，而2001年7月16日签订的《俄中睦邻友好合作条约》（以下简称《条约》）为两国关系奠定了战略基础。这份文件是20世纪90年代两国协作积极发展的合乎逻辑的结果，当时俄罗斯进入了本国社会政治发展的全新时期，而中国则越来越坚定地朝着全球经济大国的地位迈进。这份已成为现阶段双边关系标志的文件，确定了两国在世界舞台上全面发展平等信任的战略协作伙伴关系的意向。

这种合作最重要的基础是相互尊重主权和领土完整、互不侵犯、互不干涉内部事务、平等互利、只能用和平方式解决分歧等原则。关于要共同积极努力来维持全球战略平衡与稳定，推动核裁军和裁减化学武器，禁止大规模杀伤性武器，在反对恐怖主义、分裂主义和极端主义的斗争中开展协作等条款也是非常重要的，近年来的世界和地区发展也证明了这一点。《条约》中专门有一条规定要发展全面经济和文化人文合作并为此创造良好的条件。所有这些在后来的国家间文件和声明中都有所反映，它们证明俄中关系上升到了全面战略协作伙伴关系前所未有的新高度。当今世界的现实情况再一次证明《条约》对俄罗斯和中国具有原则性意义，《条约》将于2021年延期。同时不能排除的是，当今世界飞速变化的形势有可能在以后几年里要求对《条约》进行补充和修正。

莫斯科和北京之间的关系除了其全球潜在意义之外，对那些两国在其中起主要作用的地区和跨地区组织的活动也产生了积极的影响。在这些组织中，上海合作组织占据特殊的位置，它还在整个国际关系体系中占据一定的地位，而在2017年扩容之后，该组织成为全球性的欧亚组织。上海合作组织活动的三个主要方向（安全政策、经贸合作和文化人文联系）在该组织成立之后立即为俄罗斯和中国在这一平台上的建设性伙伴关系提供了广泛的机会。

2001年《俄中睦邻友好合作条约》签订时实际上恰逢上海合作组织宣布成立，从而为这个极其重要的新型欧亚联合组织顺利运行创造了更加坚实的政治基础。客观地说，俄罗斯和中国正是在哈萨克斯坦、吉尔吉斯斯坦、塔吉克斯坦和乌兹别克斯坦这些中亚国家的积极配合下，在相当大程度上奠定了这一组织的基础并造就了"上海精神"哲学，保证该组织活动的所有方面都取得了一往无前的发展。同时，俄罗斯和中国在上海合作组织这一平台上的活动从一开始也是两国在中亚的政策协调一致的直接因素。对于莫斯科和北京来说，以及对于地区本身来说，在这一"大三角关系"框架内的多方面活动具有长期的战略意义。俄罗斯在中亚的政治利益总的来说与中国的利益是一致的。这首先指的是地区安全和战略稳定问题，消除阿富汗冲突对地区的负面影响和反对恐怖主义、贩毒猖獗等问题。所有这些为协调两国在该地区的活动，包括平衡近来在那里出现的西方政策趋于活跃的情况，创造了广泛的机会。

华盛顿和欧盟对中亚的关注度越来越高（这一点它们在最新公布的中亚战略中作了明确的表示），其中包括向中亚继续进行政治和意识形态渗透。鉴于中亚国家对发展与阿富汗的政治和经济联系感兴趣，华盛顿采取了鼓励它们在华盛顿起协调作用的情况下在政治和经济上联合起来的方针。当时尤为关注巩固中亚各国在政治经济改革方面和地区内合作的路线。为此广泛利用地区领导人无条件地进一步发展与美国的合作的诉求，其中包括通过 2015 年建立的"5＋1"协商机制进行合作。

可以认为，欧盟也将会根据不久前通过的纲领坚持类似的方针，尽管总的来说欧盟在中亚的活动不具有那么明显的反俄和反华性质。欧盟目前的战略以及 21 世纪初的相关文件是对"一带一路"倡议的某种答复，对于参与"一带一路"倡议，欧盟表现出了明显的兴趣。同时，欧盟的战略与美国类似文件的根本区别是，欧盟确认有可能与该地区现有的一体化方案如欧亚经济联盟以及集体安全条约组织和上海合作组织进行合作。

俄罗斯和中国近年来与西方关系日趋紧张，这要求莫斯科和北京不仅在全球层面，而且在地区层面进一步协调行动。在这方面，中亚和阿富汗将仍然是最重要的优先方向。在这种背景下并根据具体情况，更具体地确定前文所说的"大三角关系"框架内的协商性相互关系可能是适宜的。技术上这并不复杂，因为俄罗斯和中国与中亚国家已经有了类似的双边模式（按照"5+1"原则）。

上海合作组织在其存在的第一个10年中活动的绝对优先方向是：保证安全，防范分裂主义和极端主义倾向，以及不容许恐怖主义在成员国领土上蔓延。这个方面的物质保证是设立了上海合作组织各个活动方向的常设机制和工作小组，建立了地区反恐怖机构，以及在这一时期通过了一系列反对恐怖主义、分裂主义、极端主义蔓延和贩毒猖獗的重要文件。在以后的几年里，在俄罗斯和中国开展建设性合作的情况下，上海合作组织框架内的这些协作方向取得了进一步的发展。2015年通过了《上海合作组织至2025年发展战略》，该发展战略的草案是俄罗斯提出来的，它是在2012年上海合作组织峰会上得到赞同的中国相关倡议的全面延续，它根据对全球和地区最近几年发展的预测规定了上海合作组织新的优先任务。

2007年签订的《上海合作组织成员国长期睦邻友好合

作条约》，从观念上看，在相当大程度上是《俄中睦邻友好合作条约》许多条款的体现，它表明上海合作组织框架内的成功协作已进入新阶段。利益一致并确保立场相同是上海合作组织发展的坚固基础和推动力量。在普京 2004 年秋季正式访问北京期间，俄中边界法律批准程序完成，与此同时生效的还有详细的 2001 年双边条约实施纲要。计划还规定双方在加强上海合作组织在维护中亚稳定和安全中的作用方面进行广泛合作，以及要推动地区经济发展，通过双边模式和在上海合作组织框架内与中亚各国协调在安全领域的努力。

同时，2001 年 6 月《打击恐怖主义、分裂主义和极端主义上海公约》以及 2009 年 6 月 16 日类似文件的制定，对 2010 年 9 月《俄中关于打击恐怖主义、分裂主义和极端主义的合作协定》的通过产生了极为重要的影响。

后来，莫斯科和北京的协调配合，包括在上海合作组织框架内的协调配合，还有助于在中国 2013 年提出的"一带一路"倡议和由俄罗斯与哈萨克斯坦推动的欧亚经济联盟之间找到具体的共同点。这样的合作注定会使关于这两个方案对接的多边协议的签订成为可能，而这两个方案是在欧亚空间出现的双边和多边一体化进程即"一体化的一体化"的组成部分。

缺少"一带一路"和欧亚经济联盟在合作方面的协议有可能不仅对俄中双边经济合作，而且对近年来日趋活跃的上海合作组织的经济活动产生不利的影响。关于"一带一路"和欧亚经济联盟对接的协定可以消除地区内的某种相互戒备心理,为整个欧亚地区的协作提供更多的机会。同时,俄罗斯和中国之间相关行动的协调一致,两国国家发展战略对接和互补的趋势,在相当大程度上注定会使在上海合作组织和正在形成的大欧亚伙伴关系的框架内的多边合作协议顺利实施。

上海合作组织反对恐怖主义和极端主义的文件的起草工作是根据联合国全球反恐战略、联合国安理会的相关决议以及普遍性反恐公约和议定书,在俄罗斯和中国最积极的参与下进行的。同时,正是在上海合作组织的文件中实质上第一次给当代恐怖主义和极端主义的概念下了定义。2005年的合作打击恐怖主义、分裂主义和极端主义构想强调绝不接受恐怖主义、分裂主义和极端主义,这一构想已成为制定这方面的共同战略和进行具体合作的基础,而具体合作的方式是采取协调一致的预防、刑事调查、侦讯以及共同反恐措施等。在上海合作组织峰会上得到批准的三年合作规划使该组织反对恐怖主义、分裂主义和极端主义的各个方面工作具有了系统性。

2017年的《上海合作组织反极端主义公约》是该组织框架内相关合作深化和具体化的重要新步骤。近年来包括利用互联网宣传极端主义和恐怖主义在内的各种网络犯罪急剧增加,因此上海合作组织成员国更加重视在2011年政府间协定的基础上保障国际信息安全方面的合作。

早在经济合作第一个阶段就通过把不同年份制定的规范文件一揽子合集的方式为上海合作组织框架内的经济合作打下了坚实的基础。然而到目前为止，上海合作组织的经济活动与现有的潜力相比还是不相称的。从上海合作组织存在的第一个10年过后就开始克服以往这个极其重要方面的惰性，这已成为其全部活动中的一个特别有标志意义的事情。随着时间的推移，关于上海合作组织这个最重要的多边欧亚组织的地位论题越来越明确地被提上议程，该组织未来的目标还有一体化进程，其基础性文件预见到了这种可能性。俄罗斯和中国以及五个中亚国家中的四个国家，最近几年还有印度和巴基斯坦，都积极参加这个组织，从而为莫斯科和北京继续在欧亚地区进行紧密合作创造了广泛的远景可能性。俄罗斯对与中亚的经济协作问题越来越重视，与此同时中国对与该地区的防御协作的关注度也在提高。这使我们有理由认为，目前在专家们中间流传的关于两国在亚洲这一地区以及在上海合作组织中进行某种"劳动分工"（俄罗斯保证给该地区提供"安全伞"，中国负责经济发展）的论点，正在逐渐失去其最初的新鲜感并变得越来越模糊不清。还可以认为，中国与中亚国家防御方面的合作正在加强，这种加强在某些方面，包括在中国—巴基斯坦—塔吉克斯坦—阿富汗模式方面已经得到实现，其背景是中国在中亚的经济影响不断增强，阿富汗的局势依然紧张。

　　由于上海合作组织成员国中的中亚成员国所在地区形势的具体发展情况，产生了制定该组织新发展战略的客观必要性。这些国家以独立主体的身份积极走向世界舞台的次生结果是，政治极端主义的思想向它们境内大肆渗透，其中包括打着宗教的旗号进行渗透。在许多地区，利用极端主义和恐怖主义的方式把国内形势搞乱的方针，是多个地区集团为达到它们的政治目的而进行的活动的原则。这种情况在俄罗斯的北高加索以及在中亚国家，在中国的一些地区特别是新疆维吾尔自治区都发生过。最近几年，所谓的"伊斯兰国"的武装分子向阿富汗境内的渗透使问题变得更加严重。这一问题对于2017年加入上海合作组织的印度和巴基斯坦来说同样具有敏感性和现实性。

　　阿富汗内战的继续，伊斯兰国武装分子向中亚并通过中亚向俄罗斯和中国渗透的可能性，仍未停止的来自阿富汗的贩毒活动及其他相关的问题，是莫斯科和北京深感忧虑的事情。两国十分希望与中亚地区的国家保持经常接触并在阿富汗问题的所有方面与他们形成共同的立场。2020年2月结束的美国和阿富汗塔利班在多哈的直接谈判是一个负有开启阿富汗各派政治力量之间的对话使命的极其重要的因素。谈判期间，由于包括地区势力在内的外部势力对阿富汗内部和周边局势的介入，华盛顿迫切需要与有关各方首先是最大和最有影响的各方进行合作并与它们协调各自的行动。在这种情况下，俄罗斯和中国占据特殊的地位，在莫斯科倡议下建立的美国—俄罗斯—中国三方协商机制（后来巴基斯坦也加入进来）在保障卡塔尔谈判进程不中断方面发挥了相当大的积极作用。

然而，2020年2月19日美国和塔利班签订协议之后，阿富汗局势并没有发生本质的变化，阿富汗各方的武装对峙仍在继续。因此，2020年秋季举行的上海合作组织成员国元首理事会莫斯科会议再次强调，通过政治对话和阿富汗人所有、阿富汗人主导的和平进程解决阿富汗冲突是唯一的选择。上海合作组织元首们还呼吁各有关国家和国际组织在联合国起主要协调作用的情况下为了阿富汗局势的稳定和不断发展而加强合作。在这种情况下，在包括上海合作组织—阿富汗联络组、莫斯科协调机制等各种多边形式下进一步协作具有很大的意义。

2020年11月在联合国主持下举行的有俄罗斯和中国参加的阿富汗问题国际会议，对阿富汗境内依然存在恐怖主义活动和基地组织、"伊斯兰国"及其他组织的武装分子依然留在阿富汗境内深表忧虑，强调必须尽快停火，在保障阿富汗国内和平和向喀布尔与塔利班施加必要的压力方面强化国际和地区的努力。同时，尽管作出了种种努力，主要方面即实际启动阿富汗各派政治力量之间的直接谈判问题依然处于僵局之中，而谈判的结果应当是建立敌对双方都满意的阿富汗国家制度和政权形式。

俄罗斯和中国一致希望阿富汗危机在对敌对各方都有利的条件下尽快得到解决。两国尤其希望阿富汗稳定，这出于一个极其重要的考虑：不容许这个国家的事件对本地区产生消极的影响。阿富汗局势进一步激化的可能性首先源自宗教政治方面的原教旨主义，这有可能对整个中亚和中亚各国的稳定产生直接的影响。这些进程有可能直接或间接地对中国、俄罗斯的某些区域产生人们不愿意看到的影响，还会给这一欧亚地区不断发展的经济进程带来长期的消极后果。"伊斯兰国"及其武装分子的活动，包括在阿富汗的活动，是对包括俄罗斯和中国在内的上海合作组织成员国的稳定的直接威胁。这将决定两国今后不仅在具体的反制行动中，而且在预防极端主义等方面，必须进一步加强协作。

此外，俄罗斯和中国确定对阿富汗未来的共同基本立场将是非常重要的，这将为两国现在和未来在阿富汗问题上的合作创造极其重要的基础。在这方面，进一步调整两国在上海合作组织中的方针有可能起到特殊的作用。在实际工作方面，像近年来重整旗鼓的上海合作组织—阿富汗联络组这样的机制将会更加活跃。然而目前其活跃性依然主要是宣言式的。众所周知，2019年通过了联络组的活动路线图，俄罗斯主张尽快召开联络组例行会议，将重点放在实际落实这一路线图上。同时，对于成员国来说，极其重要的是必须步调一致地行动，尽量避免在阿富汗问题上的内部相互竞争。

在分析阿富汗问题的解决前景时必须看到，美国根据其"大中亚"构想和2020年2月提出的中亚战略，将会继续紧密结合自己在这一地区的政策来看待阿富汗。考虑到近年来华盛顿与莫斯科和北京的关系急剧恶化，这样的方针将具有相当明显的反俄和反华潜台词，其中包括尽可能地挑动该地区国家与俄罗斯和中国拉开距离，以及破坏上海合作组织的基础。

上海合作组织作为一个庞大的跨地区组织，能够对新风险和新挑战作出有效反应，成员国对新冠肺炎疫情的有效反应，就是该组织的政治成熟性的一个具体证明。除了结构合理、近20年来已经调整到位的整个组织的工作机制，2018年签署的《上海合作组织成员国元首关于在上海合作组织地区共同应对流行病威胁的声明》和2011年签订的《上海合作组织成员国政府间卫生合作协定》，在相当大程度上预先决定了相关协作行动的效率。2020年，在俄罗斯担任上海合作组织轮值主席国期间特别注意到，"上合八国"成员国在抗击疫情过程中进行的具体协作，它们愿意在保障医疗、社会和其他救助方面，在研制必需的药物、疫苗和检测试剂等方面相互给予必要的支持。在研制新冠肺炎疫苗方面，俄中合作为该组织其他成员国树立了好榜样。

消除朝鲜半岛危机带来的威胁是俄罗斯与中国的共同任务

格·亚·伊瓦申佐夫
俄罗斯国际事务委员会副主席

格列布·亚历山德罗维奇·伊瓦申佐夫

　　特命全权大使。先后担任俄罗斯驻缅甸联邦大使、驻韩国大使。曾获俄罗斯友谊勋章（2003年）和韩国外交贡献勋章"兴仁章"（2009年）。现任俄罗斯国际事务委员会副主席，中国当代世界研究中心特约研究员。

俄罗斯和中国是好邻居和战略伙伴。两国共同致力于消除对抗和冲突，以集体的方式解决全球和地区问题，推动建立更加公正合理的多极化世界秩序，并以此为基础构建全球和地区的国际安全。

紧邻俄中边境的朝鲜半岛长期军事对抗对两国安全构成威胁。在过去十年里，朝核问题激化使这一安全威胁变得愈加紧迫。

朝鲜拥有导弹和核武器，这极大地改变了全球战略稳定态势。冷战期间，俄美关系是唯一的战略武器控制机制。但今天，世界局势发生了根本性的变化。新的核大国——印度、巴基斯坦和以色列，再加上朝鲜，无论它们是否得到《不扩散核武器条约》最初"五大核武器国家"的承认，都不受美国、俄罗斯或中国的控制而能够独立采取行动。

造成当前核扩散多极化局面的根源是区域内部的竞争。区域内部竞争的动机对朝鲜制定研发导弹和核武器的计划也起了一定的作用，因为半岛上的朝鲜和韩国这两个国家多年来一直处于对抗状态。但与印巴对抗和阿以对抗不同，1953年与韩国签署《美韩共同防御条约》的美国直接卷入了朝韩对抗。因此朝鲜实施发展导弹和核武器的计划起初并非针对其南部邻国，而是为了防范美国介入朝鲜半岛可能爆发的新战争。

21世纪初拥有洲际弹道导弹以后，朝鲜成为继中国和俄罗斯之后世界上第三个能够对美国本土实施打击的国家。这种情况促使美国坚持要实现朝鲜的"无核化"，而相比之下，美国人对印度和巴基斯坦的核武器研发采取了非常温和的态度，更不用说对以色列的纵容了。

朝鲜成为有核国家，这导致核不扩散机制的进一步松动。举例来说，伊朗根据2015年达成的《共同全面行动计划》（即伊核协议）同意限制自己的核计划以换取解除制裁和不受阻碍地重新融入世界经济。目前美国已经退出伊核协议，如果该协议最终瓦解，那么美国或以色列可能发动的军事打击或其他行动都无法阻止伊朗成为核大国。

朝鲜发展导弹和核武器的计划也影响到该地区其他邻国的立场。很少有人还记得，20世纪70年代首先在朝鲜半岛开展军用核技术研发的并不是朝鲜，而是韩国。

对于俄罗斯和中国来说，朝鲜研制导弹和核武器造成的威胁已然如此迫在眉睫，因为相关的试验场就位于距离两国边界几百千米的地方。这种状况让俄罗斯和中国感到不安。两国不会在自己的边界附近进行任何核武器或者导弹试验，更不允许别人在这里进行这类活动。

新的、独特的任务

解决朝鲜半岛核问题是具有全球意义的新的、独特的任务。在当前情况下我们谈论的不是如何确保对立双方的导弹与核武实力达到某种平衡，虽然这种平衡能够抑制爆发冲突的威胁，就像苏美对抗时代那样。关键是要说服一个将制造核武器作为其唯一安全盾牌的国家放弃核武器，并以此换取国际社会保障其边界和国家独立不受侵犯。朝鲜辩称其研发导弹和核武器是为了在朝鲜半岛爆发战争的情况下保护自己免遭美国打击。由此，如果新的战争威胁被消除，美国干预的威胁也将烟消云散，朝鲜对导弹和核武器的需求也将不复存在。

朝鲜半岛北南双方建立一个统一、独立、中立的无核国家将有利于本地区和全世界的和平以及全球安全。但是问题在于，当前阶段无论是北方还是南方都没有做好实现朝鲜半岛统一的准备。韩国担心统一会让自己付出高昂代价，在较长时间内被排挤出地区和全球竞争。而朝鲜也根本不打算向南方投降，他们深入研究了德国的教训，认为在那里资本主义的西方征服了社会主义的东方，从前的德意志民主共和国公民变成"二等公民"，前民主德国掌权的精英阶层均遭受各种迫害或被监禁。

因此，在目前的条件下谈论朝鲜半岛统一实在是为时过早。现在应该商讨的是朝韩和解以及在两个国家之间搭建起沟通的桥梁。为达到这个目的，朝鲜和韩国首先要进行认真的战略对话，消除彼此的敌意。2018年举行的朝韩首脑会晤已经产生了效果：近期朝鲜半岛不会爆发核战争或其他战争。韩国已经接受了朝鲜的存在并对其采取了和平共处的政策。但主要的工作，即把朝韩关系转变成为正常双边关系，目前尚未完成，更不用说让韩国承认朝鲜的主权国家地位及朝鲜领导层的合法性和合宪性了。

但是，转变的基础已经具备：共同的民族理念拉近了两国的关系。1972年7月4日发表的《北南联合声明》指出，朝鲜半岛的统一应该在没有外来干涉的情况下，以和平的方式在"民族团结"的基础上独立自主地实现。1991年12月，朝韩两国政府首脑签署了《关于北南和解、互不侵犯和交流合作协议书》，在平等的基础上正式承认彼此的存在。2000—2018年举行了五次朝韩首脑会晤，每一次会晤都通过了共同宣言。这些文件就是双边关系发展规划，旨在使两国不断从对抗转向和解并逐步相互接近。上述所有文件都没有提到允许任何第三国参与朝韩之间的交流。这意味着，朝韩两国完全是在双边框架内进行互动。

联合国应该发挥作用

在为朝韩两国架设和解的桥梁这个问题上，联合国应该发挥应有的作用。从 20 世纪 40 年代末"朝鲜问题"出现以来，联合国就在处理这个问题。但是在 1975 年 11 月召开的第 30 届联合国大会上就这个问题同时通过两项决议（一项是美国发起的，另一项是苏联提出的，两项决议都没有执行）之后，联合国就把政治解决朝鲜半岛问题的议题从自己的议事日程中完全抹掉了。

为了在朝鲜战争期间向韩国提供援助，根据联合国安全理事会 1950 年 7 月 7 日通过的第 84 号决议，建立了驻扎在朝鲜半岛的联合国军司令部，指挥以美国为首的 16 国联合武装部队。1953 年，联合国军作为对抗朝鲜人民军和中国人民志愿军的一方签署了停战协议。由于这些部队是打着联合国的旗号参加朝鲜战争，所以事实上他们是代表联合国签署了这份协议。虽然朝鲜 1991 年已经成为联合国的正式成员国，但直到现在联合国在名义上仍然与朝鲜处于"战争状态"。

由此，很有必要通过一项联合国安全理事会宣言，宣布朝鲜战争已经是过去的一页，安理会将其就此揭过。而朝鲜半岛自然也不再需要联合国军司令部。至于部署在韩国的美军部队将何去何从？这个问题将由韩美两国达成的协议来解决。

与此同时，不妨一并解决韩美联军司令部的问题。根据双边协议，韩国在和平时期负责指挥本国军队与部署在朝鲜半岛的美军。不过一旦战事开启，韩美联军司令部的指挥权就自动转归美方，而作为本国武装力量最高统帅的韩国总统实际上将听命于一位美军中将。

朝韩峰会不止一次提出，必须签订和平条约以取代1953年达成的《朝鲜停战协定》。1953年签署的《朝鲜停战协定》只规定了交战双方部队总司令停止作战行动、使部队脱离接触和划定双方之间的非军事区的义务。

朝鲜半岛和平条约应该是朝鲜和韩国这两个主权独立国家之间的条约。这不仅是一项互不侵犯条约，而且要将朝鲜和韩国之间的伙伴关系以法律的形式确定下来，其目的是使朝鲜摆脱孤立，振兴经济。在讨论包括核问题在内的所有问题时，一个有安全感并充满自信的朝鲜比一个在制裁压力下被逼入墙角的朝鲜更能成为可靠的谈判伙伴。当然，条约各方都需要得到安全保障。联合国安理会五大常任理事国可以提供这种保障。

一驾马车的两个轮子

有些人认为，应该首先确保朝鲜实现核裁军，而朝鲜战争遗留政治问题的解决可以往后拖一拖。这种想法是错误的。两项任务应该同时完成：既要让朝鲜冻结并随后放弃其军事核计划以便重返《不扩散核武器条约》和接受国际原子能机构的保障监督，也要缓和政治紧张局势，发展朝鲜与韩国以及地区内其他国家的关系。解决朝鲜半岛核问题和实现朝韩关系正常化是一驾马车的两个轮子。这驾马车是唯一的交通工具，能够带我们前往共同的目的地——构建东北亚地区的和平与安全体系。

朝鲜表现出诚心实意想要缓和紧张的局面。金正恩多次宣称他不准备再生产、试验、使用和扩散核武器。三年来，朝方没有进行核武器试验以及洲际弹道导弹试射，这个事实也可证明他所言不虚。朝鲜领导人还表示，朝鲜和美国建立以互信为基础的新型关系是实现朝鲜半岛无核化的首要条件。很显然，这不论对于朝鲜还是对于美国来说都不是一个容易完成的任务。但也有成功解决这类问题的例子：当年越南与美国关系中的类似矛盾已经被化解。未来朝鲜与美国的关系也可能达到今天越美两国交往的水平：人们依旧记得当年的战争，但对过去的回忆并不影响现在共同工作。

为了解开朝鲜半岛当前问题的症结，仅靠朝韩双方以及美国作出努力是不够的。解决这些问题需要采取多边国际行动，这些行动少不了俄罗斯和中国的参与，因为这两个国家在历史上和地理上都与朝韩都有着密切的联系。而且，朝韩想必也期待俄罗斯和中国的参与。

2003 年俄中与朝鲜、韩国、美国、日本一同成为朝鲜半岛核问题六方会谈的参加者。2005 年 9 月 19 日六方发表的联合声明不仅为确保朝鲜半岛的无核地位，也为全面改善该地区局势奠定了建设性的基础。

该文件提出使东北亚地区成为一个和平、安全与合作区域的非常具体的步骤。第一，朝鲜愿意放弃核武器以及现有的所有核计划，并在短时间内重返《不扩散核武器条约》和接受国际原子能机构的监督。第二，美国声明它在朝鲜半岛没有核武器，也无意使用核武器或常规武器攻击朝鲜或入侵其领土。第三，美国和朝鲜都愿意正式承认和尊重彼此的主权，和平共处并采取步骤实现双边关系正常化。第四，六方有意促进东北亚地区的持久和平与稳定。第五，谈判各方同意制定一个折中方案，为朝鲜今后实施和平利用核能计划（包括建设一个轻水反应堆）提供可能。第六，谈判各方通过了一条协商一致的原则以执行所达成的各项协议，即"承诺对承诺"，"行动对行动"。这些已达成的协议如果得到执行，可能会阻止许多危险进程进一步发展，这些进程在过去 15 年间在朝鲜半岛上已然积微成著。然而，这些协议最终只落得悬而未决。并非所有谈判方都愿意执行这些协议，美国首先就对此阳奉阴违。

恢复六方会谈可能是最佳选择。相关讨论可以从一项将朝鲜的核武器计划与导弹计划分别处理的提案开始。朝鲜的有核国家地位已经被写入本国宪法，对于朝鲜来说，这个话题目前是不容讨论的。与此同时，冻结导弹研发计划以及保证不扩散导弹和核技术完全可以成为六方讨论的议题。使美国人感到焦虑的与其说是朝鲜核弹头的数量，不如说是这些核弹头对美国城市造成的威胁，朝鲜的洲际弹道导弹是让美国头痛的主要问题。而对于日本来说，则是朝方的中程和短程导弹。

朝鲜可以停止洲际弹道导弹和中短程导弹的研发、冻结核材料的生产、开放自己的核设施以接受国际核查。作为交换，美国、日本和韩国应当正式承认朝鲜、与其建立外交关系、互设大使馆并限制在其边界附近的军事活动。

一起向共同的目标迈进

2017年俄罗斯和中国提出的解决朝鲜半岛导弹和核武器危机"路线图"制定了三个阶段的行动方案：首先是加强信任，避免诸如朝方进行的核试验、导弹试射以及美韩举行的大规模非对称海、空军演习等挑衅行动；然后，随着互信的加强，扩大接触，提出建议，寻求利益平衡并采取同步行动，即"行动对行动"；在最后阶段，建立东北亚和平与安全机制。

建立东北亚和平与安全机制的基础是：在朝韩平等参

与的条件下该地区各国共同实施长期、互利的大型经济项目。中国国家主席习近平于2018年9月在符拉迪沃斯托克举行的第四届东方经济论坛上提出构建"东北亚经济圈",该建议引起广泛关注。为解决能源、交通、网络空间以及和平利用核能等领域共同面临的具体安全问题,本地区国家建立了各种伙伴关系,而"东北亚经济圈"可以将这些伙伴关系都包容在内。在这些领域构建具有法律约束力的区域伙伴关系并对其运行机制进行调整,可以帮助各方逐步建立互信,以便开始讨论该地区更广泛的和平、发展与安全问题。

目前,新冠肺炎疫情在全球蔓延。病毒改变了世界各地的日常生活。没有什么能像此次疫情一样证实国际社会各成员之间的相互依存关系,关闭边界、加强边防或海关检查无法阻断疫情。其结果是,在新冠肺炎疫情引发全球危机的背景下,国家及其人民都在依靠本民族的道德和伦理价值观以及选定的社会秩序寻找出路。在俄罗斯、中国、朝鲜、韩国和日本,社会凝聚力的传统思想在大众意识中占据主导地位,这种思想的充分体现使得上述国家抗击疫情的努力相比深受自由主义"毒害"的美国和西欧国家更为有效。

正如古人所说,危机不仅是一场灾难,也是一场机遇。像任何全球性危机一样,新冠肺炎疫情虽然带来了更多的风险和挑战,但同时也为克服这些风险和挑战开辟了新的前景。东北亚也许比世界上任何其他地区都更需要新的非集团化合作架构。共同应对新冠肺炎疫情可能成为探讨解决朝鲜半岛危机和建立东北亚国际安全体系途径的新起点。

围绕朝鲜半岛核问题的事态将如何发展？这一点在很大程度上将决定东北亚和整个亚太地区的未来，甚至决定全球化进程的发展。朝鲜半岛核问题只能以集体的方式通过所有相关方的努力来解决。在这方面，俄罗斯和中国的战略协作可以发挥特殊的作用。

俄罗斯与中国：共同应对制裁压力

伊·尼·季莫费耶夫
俄罗斯国际事务委员会项目主任

克·阿·库兹明娜
俄罗斯国际事务委员会项目官员

伊万·尼古拉耶维奇·季莫费耶夫

现任俄罗斯莫斯科国际关系学院副教授，俄罗斯国际事务委员会项目主任，负责有关政治风险、国际问题的30个研究项目。研究领域为国际安全、大国关系、制裁与反制裁。

克谢尼娅·阿列克谢耶夫娜·库兹明娜

毕业于俄罗斯莫斯科国际关系学院国际法系。现任俄罗斯国际事务委员会项目官员，负责协调对华合作项目。负责俄罗斯国际事务委员会在该领域的"一轨半"和"二轨"对外交流工作。研究领域为俄罗斯亚洲政策、欧亚区域合作。

2021年7月16日,《俄中睦邻友好合作条约》的签署将满20周年。在这一条约中,两国确立了双边关系的根本原则。莫斯科和北京一直以"大条约"的条款为依据,在一些紧迫的世界秩序问题上立场相互接近,如今,双方正在世界舞台上并肩应对新的挑战。

近年来,俄罗斯和中国同美国及其盟国关系中的对抗趋势不断加剧。在美国的战略文件中,俄中两国被称为美国的战略对手和安全威胁。在这场斗争中,西方国家越来越经常地采用单边限制措施这一工具。在这种情况下,俄罗斯和中国为防止这些制裁产生的不利效应而进行合作的重要性日益凸显。

采用制裁作为对外政策工具的趋势

近20年来,经济制裁已成为一种主要的对外政策工具。经济制裁的唯一合法来源是联合国安理会,然而这种制裁却被发达国家单方面广泛用于实现其在国际舞台上的种种目的。制裁正逐渐取代正式的外交,表现出对已经确定的游戏制度和规则的侵蚀作用。它们与明确的国际规则和程序渐行渐远，重新回到民族利己主义和某些国家的利益优先这一逻辑的老路上。

最常使用单边措施的是美国。美国的制裁具有超地域性：美国在世界金融体系中的领导地位使得华盛顿可以在远离本国的地方采取限制措施。制裁也逐渐成为欧盟的极为重要的对外政策工具之一。

对于受制裁国家的经济以及金融体系来说，单边限制措施是主要的政治风险之一。在制裁的武器库中，有对一定类别的进出口贸易的禁止，有对技术、金融业务、投资、信贷转移的禁止，有签证限制以及其他种种限制。这些制裁给目标国家造成这样或那样的损害：其效应逐渐积聚，并与其他因素（例如经济不景气）叠加而增强。国家本身能够长期顶住美国的压力，但国际贸易企业在遭受美国当局的罚款或其他措施后，就会尽量不再跨越雷池，规避制裁风险。

2014 年以来，俄罗斯一直遭受西方国家巨大的制裁压力。最近几年，华盛顿也在不断扩大针对中国的单边限制规模。美国希望借助这些措施使俄中两个大国的国内政治方针发生改变，限制他们的经济发展，而就中国来说，还要限制其技术发展。

俄罗斯和中国都反对国际关系中的单边制裁。现阶段俄中伙伴关系的奠基文件即《俄中睦邻友好合作条约》规定，不得干涉别国内部事务和相互尊重对方根据本国国情所选择的政治、经济、社会和文化发展道路，均为合作的基本原则。莫斯科和北京都承认联合国在国际事务中的核心作用以及安理会在维护国际和平和安全方面的主要责任，都认为只有联合国安理会有权实行国际制裁。一些国家的元首曾不止一次地指出，不得实行单边限制措施。例如，俄罗斯联邦和中华人民共和国在2016年6月26日的联合声明中表达了共同的立场：实施超出联合国安理会商定框架的单边制裁不符合国际法准则，会使制裁国家受到不相称的损害。俄中两国特别指出，在本国领土外实施制裁也会对第三国以及国际经贸关系产生消极影响。

经济限制政策对全球治理工具的冲击以及单边措施数量的增加，可能引发强大的经济竞争对手之间，首先是美国和中国之间的制裁升级。在最好的情况下，这会导致国际金融体系的转型，使其脱离美元的主导并围绕几个经济发展中心发生多样化变化。美国总是千方百计地利用其在世界金融领域的主导地位，所以目标国家有理由建立替代性的支付体系和金融体系。如果这种作为制裁战"备用机场"的体系由美国发起建立，那么发生变化的进程就可能是不可逆转的。如今，俄罗斯和中国已经是数十个反对发达国家所实施单边制裁的发展中国家的领导者。莫斯科和北京这一联合体能够产生出可在西方国家施压时选择利用的现代化源泉。

对俄罗斯的制裁

几乎整个20世纪俄罗斯都处在外国制裁之下。从苏维埃政权建立时起,苏联就受到贸易和技术封锁的压制。这一过程并非一成不变:当限制的发起者极其需要销售市场或者在第二次世界大战期间极其需要盟友的时候,限制就会放松。然而随着冷战的开始,制裁又重返用于对付莫斯科的武器库。苏联对制裁作出了不变的、全面的回应:发展本国的工业、技术、干部队伍和现代经济。这一任务的顺利完成也得益于同西方国家的有限合作。苏联方面也采取了一些限制措施,尽管远远少于美国。

与苏联时期相比,2014年乌克兰危机之后对莫斯科的制裁是在俄罗斯与全球经济一体化的全新条件下实施的。目前有41个国家在实行针对俄罗斯联邦的制裁。实施措施最多且措施影响力最大的,当属美国和欧盟。西方国家认为制裁的起因在于乌克兰局势,在于俄罗斯的网络攻击和对美国大选的预谋干涉,还在于腐败和人权保护等问题。

由于美国在世界经济和金融体系中发挥着极为重要的作用,且华盛顿肆无忌惮地想方设法让其他国家的自然人和法人遵守美国的种种措施,因而美国的制裁最为严重。欧盟的制裁对俄罗斯来说事关重大,无论从欧盟在世界经济中的重要性来看，还是从俄欧双边经贸联系的规模来考虑，都是如此。其余国家的制裁制度可以视为次要危险，因为他们造成的是某些方面的损害，而不会破坏金融体系或整个经济的稳定。

大多数受到制裁的、对于俄罗斯经济稳定至关重要的金融公司、能源公司和其他自成体系的公司，如今仍在美国的行业制裁名单上。这些公司受到种种限制：限制贷款，限制供货，限制提供服务，限制提供能源公司项目薄弱环节所需技术。其他方面的行业制裁尚未影响这些公司的国际业务，但制裁本身给俄罗斯公司的声誉造成损害。很多已在某些领域自成体系的大公司（例如"俄罗斯国防出口公司"或"联合造船公司"）都处于封锁性制裁之下，但这还不足以使金融体系受到严重破坏。

新的国际现实不可避免地会使俄罗斯面临必须更加积极地利用对外政策武器库中的限制措施的问题。长期以来，莫斯科一直回避充当制裁积极发起者的角色，始终维护联合国安理会在作出有关限制措施的决议方面拥有最高权力的原则。俄罗斯2014年以后实施的反制裁带有对等性质，而且通常是为了回应针对自己实施的限制。反制裁主要是对市场准入的限制（例如食品禁运）。莫斯科认为，不必过度采取回应措施，因为这可能给本国经济造成不利后果，导致生活质量下降。不过，俄罗斯正在推进进口替代战略，将会采取一系列应对金融封锁的措施（例如建立本国的"世界"支付系统和俄罗斯银行金融信息传送系统，国家外汇储备多样化）。

尽管由于制裁遭受损失，俄罗斯不会满足西方国家的要求，而且在可预见的将来也未必会满足他们的要求。关于俄罗斯经济因单边限制所遭受损害的问题还在讨论之中，因为单边限制往往是在出现其他一些对俄罗斯联邦来说很重大的因素（比如说商品市场和能源市场行情）的情况下实施的，这些因素有可能加大单边制裁的作用。从短期来看，俄罗斯已经能够适应种种制裁；而从长远来看，促进替代性国际金融机制的建立和实现贸易伙伴的多样化将是俄罗斯的两项重要任务。莫斯科现在已经在积极加强同其他伙伴的联系，首先是同中国的联系。

俄罗斯过去和现在都与世界经济和世界金融体系紧密连为一体。在一系列战略领域依靠自己的力量是可行的，也是需要的，但全面转向依靠本国资源的做法如今确实已不可能。可是，国际关系中不断加剧的竞争将会迫使我们产生这种需求。中国和美国在许多关键领域，首先是信息技术领域和通信领域，都把重心放在本国生产上。总的来看，俄罗斯也会选择同样的道路，把最大限度地利用自己的资源同与国外优先伙伴合作结合起来。这是长远的未来，对此现在就必须做好准备，至少要在对于国家安全至关重要的战略领域做好准备。

对中国的制裁

西方国家对中国的制裁由来已久。美国从 1947 年起就大力推行对中国的贸易禁运。不过，20 世纪 60 年代末以来，美国为遏制苏联采取了大力缓和禁运的方针，发展同中国的相互关系。1989—1990 年，华盛顿和欧洲共同体国家对中国实施了很大规模的制裁，但是到了 21 世纪初，大部分制裁由于快速发展的经济联系而被取消。直到不久前，又出现了偶尔实施的针对个别人、个别公司的罚款和次级制裁（主要是在对伊朗和朝鲜的一揽子制裁框架内）的问题。由于制裁的总次数并不多，美国当局的行为并未引发政治问题。然而，到 2020—2021 年时，遏制中国的问题成了美国的一个单独议程：中国在国际舞台上表现得越来越活跃，其强大的经济和技术能力使华盛顿深感不安。

有关对中国的制裁的争论愈演愈烈，这最初缘于包括网络安全在内的一系列问题，而网络安全问题的尖锐化又与 2015 年的网络攻击有关，美国怀疑网络攻击是中国黑客所为。引起美国担忧的是俄中两国在军事工业综合体领域的紧密合作：提供俄制武器成了对中国实施次级制裁的理由。

技术领域的全球竞争以及北京在这方面的积极政策使

得华盛顿转而想方设法遏制中国的创新发展。被其紧盯不放的是那些曾经因向伊朗提供装有美国组件的商品而遭受美国次级制裁的中国通信公司。中兴公司事件就是按照这种脚本发展的，最终该公司向美国相关部门支付巨额罚款，并且公司后来的工作受到种种限制。华为公司事件更加轰动，这一事件也是源于该公司因向伊朗供货而受到的指控。2019 年 5 月 15 日，特朗普总统签发了第 13873 号《关于信息和通信技术和供应链保护》的行政命令。华为公司被列入美国商务部"黑名单"（尽管调节部门照常发放了一般许可证），该公司及其领导人受到美国检方指控，罪名是密谋规避对伊朗和朝鲜的制裁和企图窃取工业情报。美国国会授权执行机构对国家机关购买华为公司和中兴公司的设备实行限制。对中国通信行业的制裁持续扩大，不断牵扯到新的主体，涉及面越来越大，比如说涉及向华为公司供应的那些按照美国技术、借助美国软件在国外生产的半导体产品；也实施了对中国学生和中国大学的制裁。中国公司还处处受到来自美国国家机构的诋毁。华为公司事件导致了一系列重大改变，促使北京为减少对美国的依赖而更加积极地采用本国软件并积极寻找替代供货商。另外一个重要事件是美国禁止使用中国的 WeChat 和 TikTok 应用软件。引人注意的是，对 WeChat 和 TikTok 应用软件的封禁是由美国总统直接出面、专门下令实施的，而不是由执行机关作出决定，这表明了所采取决策的高度重要性——美国总统亲自承担对这种决策的责任。不过，这些禁令的执行被法院中止了。

新冠肺炎疫情间接地促使近年来积累的美中矛盾快速激化。美国政府和政治家公然把病毒传播的罪名加在中国头上。针对中国的制裁弹簧弹开了，美国就中国抗击新冠肺炎疫情的行动、少数民族权利以及中国香港特区局势表示出越来越多的不满。值得注意的是，针对北京的指责立刻就有了鲜明的意识形态色彩。几乎在所有公开的讲话或文件中都强调指出，中国是共产主义国家。

拜登政府未必会彻底改变对华方针。与特朗普总统时期相比，美国的态度会变得比较克制、比较体面，但美国的政策不会发生根本的改变。中国将会是美国的主要竞争对手之一，在军事、技术和政治上对中国加以遏制仍将是美国外交的一项极为重要的对外政策任务。

难以否认，在美国和中国的关系中，包括在通信领域，存在种种现实的复杂问题，但这些问题只有通过对话才能解决。高喊过时的意识形态口号对中国发动骑兵式攻击，以简单的、往往是肤浅的观点看待中国，只会使问题更加严重。

中国从不采取输出本国意识形态模式的政策。北京对于公开挑衅大多持回避态度，并且直到目前仍然尽可能不对美国等西方国家使用激烈言辞，尽管偶尔会对某些不友好举动采取回应行动。例如，2020年根据中华人民共和国商务部令规定了对危害中华人民共和国国家安全的外国自然人和法人实施制裁的程序，其中就包括对一些单边反华措施的回应。

对于中国来说，最大的挑战是美国在世界金融体系中的统治地位。经济联系的急剧崩溃既会伤及中国，也会伤及美国。相互受损的危险可能会一时遏制北京与华盛顿的竞争，并且提醒双方避免过度相互制裁。中国已经建立了大规模、多样化的经济，对中国实施行业制裁将不会收到多大效果。在新的条件下，中国技术行业和整个经济的独立性将会增强。此外，要建立一个反对中国的长久的国际联合体是很难的。欧盟尽管承认美国是自己的主要盟友和伙伴，但如果发生对抗，就可能失去中国市场和许多互利联系。美国在亚太地区的军事盟国（日本、韩国、澳大利亚等），考虑到同中国贸易关系的深度，也不愿意发生严重的冲突。中国将会使事情朝着世界金融体系逐步转型的方向发展，以降低美元的优势地位并防止其被用于政治目的。关于金融主权的滔滔雄辩可能变为具体的战略，而且中国在这方面拥有最多的机会。

共同反对制裁

俄罗斯和中国都认为，未经联合国安理会决定就使用制裁措施对独立国家施压，以改变其对外政策和国内政策的做法，是不能容许的。在国际舞台上，首先是在联合国框架内，莫斯科和北京正在结成反对这种措施的统一战线。例如，2020年10月5日，联合国大会宣读了俄罗斯和中国以及两国伙伴国的声明，该声明批评了单边强制措施政策，呼吁立即取消制裁，尤其是在疫情大流行的情况下更应取消制裁。

既然美国制裁的效果是由美元在世界金融体系中的主导地位决定的，俄罗斯和中国就要优先发展替代性金融制度和金融工具。在全球层面，莫斯科和北京已着手在金砖国家框架内共同作出这方面的努力。该联合体成员国创建了替代性金融工具——新开发银行和外汇储备库。目前正在积极讨论提高本国货币在相互结算中所占比重、研发自己的支付系统直至建立 SWIFT 替代方案、实行金砖国家加密货币等问题。在"金砖+"模式有可能吸纳新伙伴的情况下，这种合作上升到新水平的前景逐渐展现。俄罗斯和中国还在毗邻地区相继建立新的"非西方的"开发机构（欧亚开发银行和亚洲基础设施投资银行）。

俄罗斯和中国正在更加积极地致力于在双边范围内摆脱美元以及由西方国家操控的金融工具。为了发展卢布和人民币相互结算，莫斯科和北京于2019年签订了政府间关于结算和支付的协议。俄罗斯还对外汇储备结构进行划分，扩大人民币储备份额。俄中两国都特别注重建立自己的银行间信息传送和支付结算系统，特别注重两国金融基础设施的对接。比如说，莫斯科和北京已就建立支付系统达成协议，该系统将把俄罗斯的"金融信息传送系统"和中国的"人民币跨境支付系统"连接起来。

由于意图限制俄罗斯和中国经济发展的外部压力不断增大，保证经济上的稳定和自给自足显得特别重要。发展俄罗斯与中国之间的综合性经贸联系可以推进这一最重要问题的解决。不断增加能源、机械产品和食品供应，实施联合基础设施项目，扩大相互投资规模，都有助于降低对西方贸易伙伴的依赖。

在向俄罗斯提供某些技术受到种种限制，美国明显企图防止中国获得全球技术领先地位的背景下，俄中两国正在积极推进创新领域的合作。例如，华为公司与俄罗斯移动通信系统公司和维佩尔通讯公司签订的有关在俄罗斯发展5G网络的协议引人关注。俄罗斯和中国特别重视在这一领域的相互协作，两国已宣布2020—2021年为科技创新年。有俄罗斯在基础科学领域的潜力，有中国在先进研发及其商业化方面的能力，俄罗斯和中国在进一步加深相互联系上必定大有可为，两国的联系必定跨上联合突破性研发和向第三国出口的新高度。

结　语

　　美国及其盟国不断加大对俄罗斯和中国的制裁压力，企图影响两国的国内决策和对外决策。这些限制还会在今后很长时期制约俄中两个大国同西方国家的合作关系。毫无疑问，莫斯科和北京将继续维护自己的国家利益，实行独立自主的政策，而不被单边强制措施所左右：这些措施只会促使俄罗斯和中国缩小同西方国家的联系范围，发挥自身的潜力，提高本国经济体系和技术创新体系的稳定性。只要俄罗斯和中国不断加强全面战略协作伙伴关系，并且相互依靠，就能够在任何外部影响面前岿然不动。

欧亚经济一体化与"一带一路"倡议的对接

弗·叶·彼得罗夫斯基
俄罗斯科学院远东研究所高级研究员
俄罗斯国际事务委员会专家

尤·维·库林采夫
俄罗斯科学院远东研究所研究员
俄罗斯国际事务委员会专家

阿·尼·拉里奥诺娃
俄罗斯国际事务委员会项目协调员

弗拉基米尔·叶夫根耶维奇·彼得罗夫斯基

俄罗斯军事科学院院士，研究员。曾任俄罗斯国际新闻通讯社驻中国代表处副主任。现任俄罗斯科学院远东研究所俄中关系与预测研究中心高级研究员，俄罗斯国际事务委员会专家。研究领域为国际制度、亚太区域问题、军事安全。

尤里·维克托罗维奇·库林采夫

研究员。现任俄罗斯科学院远东研究所东北亚与上海合作组织战略问题研究中心研究员，俄罗斯国际事务委员会专家。研究领域为亚太地区问题、上海合作组织、当代俄中关系。

阿列夫京娜·尼古拉耶夫娜·拉里奥诺娃

毕业于俄罗斯莫斯科大学亚非学院，俄罗斯莫斯科国际关系学院，分别获学士、硕士学位。现任俄罗斯国际事务委员会项目协调员。研究领域为俄罗斯与亚太国家关系、跨地区合作。

欧亚经济联盟与"一带一路"倡议对接的目标

2021年将庆祝俄罗斯和中国两国元首签署《俄中睦邻友好合作条约》(以下简称《条约》) 20周年。这份文件规定了当代俄中两国关系的基本原则和理念基础,确定了双方长远合作的主要方向和领域,明确了建立公正、民主和多中心的国际秩序的取向。

《条约》树立了俄中友好的和平典范,确定了不断扩大两国相互联系的方针。它对于长期、充分和稳定地发展两国之间的关系具有特殊意义。

《俄中睦邻友好合作条约》强调了那些在今天仍有现实意义的俄中关系基本原则:包括相互尊重主权和领土完整、互不侵犯、互不干涉内政、平等互利、和平共处、互不使用武力、以和平方式解决问题在内的公认国际法准则。这份文件为俄中两国合作奠定了在当今时代仍可赖以发展的可靠基础。

从2019年中国国家主席对俄罗斯进行国事访问的过程可以看出,以广阔的历史背景为依托的俄中两国关系对于世界越来越重要,并且正在步入自己发展的新时期。双方宣布建立新时代俄中全面战略协作伙伴关系，并将在守望相助、深度融通、开拓创新、普惠共赢的轨道上保持这种关系。

在就访问结果签署的主要联合文件中有一条很重要：俄方支持"一带一路"倡议，中方支持在欧亚经济联盟框架内推动一体化进程。俄罗斯和中国在推进"一带一路"建设与欧亚经济联盟对接方面加强协调行动。

2016年6月，俄罗斯总统普京在圣彼得堡国际经济论坛上发表讲话时提出了"大欧亚伙伴关系"构想，这一构想需要中国方案和欧亚经济联盟议程的目标相互对接，需要构建一种旨在充分发挥区域协作潜力的伙伴关系。

2019年的联合声明指出，中国"一带一路"倡议同俄罗斯的"大欧亚伙伴关系"可以并行不悖，协调发展，共同促进区域组织、双多边一体化进程。这意味着，俄罗斯和中国共同地、并行不悖地实施"一带一路"倡议和"大欧亚伙伴关系"构想，目的是在欧亚空间构建国际合作的新模式。

两国政治领导人愿意协调欧亚一体化进程，是因为两国任何一方的单方面努力显然都不足以充分发挥本地区一体化的潜能。在此情形下，莫斯科与北京之间所形成的全面战略合作结构，有望成为顺利实施俄罗斯和中国的一体化倡议的保证。

两国国内对共同实现一体化方案都存有疑虑。与此同时，双方协作的进展表明，两国均意识到地区内地缘政治竞争的潜在风险。两国领导人的政治声明以及俄罗斯和中国在国际舞台上的行动清晰地表明，莫斯科和北京都在尽力避免不必要的竞争，都注重构建能够寻求利益交会点的多边协作模式。

欧亚经济联盟与丝绸之路经济带对接的进展

目前，欧亚经济联盟与丝绸之路经济带的对接进程已经启动，并且在几个层面逐步实施。在最初阶段，驱动对接的是两国元首的互访。根据两国元首的联合声明及其他纲领性文件，落实各项决定的执行体系开始建立。

例如，根据欧亚经济联盟成员国和中国的领导人的政治决策启动对接之后，在这一进程中起关键作用的是欧亚经济委员会。在欧亚经济委员会领导下，正在进行各参加方相关部门，首先是基础设施和工业部门司局负责人一级的磋商。2017年，欧亚经济委员会与欧亚经济联盟各成员国交通部就标准、技术及费率等调节问题确定了协作范围，商定了欧亚交通线路和优先项目清单，涉及新建道路和现有道路的现代化改造、建设物流运输中心以及发展重要交通枢纽等。欧亚经济委员会为技术的转让和有效的工业合作体系的建立研发了一系列工具，其中包括"欧亚产业合作与分包网络""欧亚技术转让网络""机床制造工程中心"等。可以证明对接合作取得进展的还有一些更具体的举措，例如海关方面的举措：2019年6月签订了《关于进出中华人民共和国和欧亚经济联盟关境的货物和国际运输工具信息交换协定》。

尽管如此，对接的实施仍需要一个综合性的战略规划。现阶段最迫切的任务是制定路线图，以便为一体化纲要充实具体内容，并完整、系统地表明俄罗斯、中国以及两国的合作伙伴如何看待大欧亚的共同未来。这样的文件有助于消除现有的种种不确定性，并说明对接的基本目标、任务和阶段。

首先需要扩大贸易投资协作，其中包括优化贸易结构和实施重大合作投资项目。还要加强物流和交通基础设施方面的互联互通，简化海关手续，协调规则和标准并保证其相互兼容。应当加强国际机构的金融合作，促进扩大本币结算。为各成员国及中国的中小企业的发展和协作创造良好环境同样重要，因为这些中小企业在区域经济发展中起着重要作用。

为了顺利实现对接，必须明确对接的目标。建立欧亚经济联盟与中国之间的自由贸易区可以是成功对接的目标之一，建立这种自贸区的可能性已在《欧亚经济联盟条约》中提到。对于像欧亚经济联盟和中国这样的大型经济体来说，预先精确分析双方的各自收益尤为重要。

2018年5月，在阿斯塔纳经济论坛的框架下，欧亚经济联盟与中国签署了经贸合作协定，这对于对接进程来说是很重要的。专家认为，协定的主要意义在于建立合作的制度基础和提高合作的透明度。尽管该文件又被称作"具有种种可能性的协定"，只具有框架性质，缺乏具体的协商结果和义务。与此同时，双边协作的经验表明，进一步一体化会导致欧亚经济联盟成员国对中国产生过度的经济依赖。因此，为消除这类担忧并转向特惠关系，中国也会在与他们的协作中调整金融信贷政策。只要沿着对接的道路逐步前进，并且对于每一个步骤的经济成效作出评估，就会减少双方从保证互惠和保护本国经济的角度出发对相互开放市场的担心。

在欧亚经济联盟和"大欧亚伙伴关系"以及"一带一路"倡议框架下的欧亚一体化对接也得到欧亚经济联盟成员国方面的支持，这里要考虑到欧亚经济委员会职权有限，对接有可能超出欧亚经济联盟的范围。例如，俄中"欧亚经济联盟和丝绸之路经济带"建设对接跨部门工作组已在运作，2019年12月19日举行了该工作组第六次会议。建立更广泛的、能够汇集欧亚经济联盟各成员国国家部委和欧亚经济委员会力量的工作组，有助于提升各个层级对接工作的效率。就中方来说，中国国家发展和改革委员会可以成为该工作组的合作伙伴。

在俄中双方积极推进欧亚经济联盟与"一带一路"倡议对接的同时，欧亚经济联盟的其他成员国也愿意在双边层面签订本国战略倡议与中国对接的协定。为避免这种关系变为单纯的双边模式，就不仅需要考虑欧亚经济联盟作为一个联合体的长远发展目标，还应考虑每个成员国的具体利益。为此，应当对各国战略性文件进行详细分析，找出共同之处并确定普遍适应的发展取向。对俄罗斯而言，其最重要的战略目标依然是国内各个地区的发展，这类文件主要有：《俄罗斯联邦经济社会发展战略》《2025年前空间发展战略》《2025年前远东和贝加尔地区经济社会发展战略》等。

上合组织有可能成为对接平台

上海合作组织具有成为中国（"一带一路"倡议）与欧亚经济联盟协作的主要平台的巨大潜力。该组织有望成为对接进程的中心环节以及"大欧亚伙伴关系"的关键因素。中国和欧亚经济联盟各成员国同时也是上合组织成员国、观察员国及对话伙伴国，上合组织还以各种模式将有意同欧亚经济联盟和"一带一路"倡议合作的地区其他国家联系在一起。

上合组织成立近20年来，已经积累了在欧亚地区开展多边合作的丰富经验，这些经验能够用于落实各项新的一体化倡议。上合组织的良好形象有助于吸纳新成员、扩大区域经济协作，这是维持地区社会政治稳定的又一保证。

2020年上合组织莫斯科峰会表明，有必要为保证"一带一路"倡议与欧亚经济一体化和实现"大欧亚伙伴关系"构想的对接制定战略规划。从这个意义上看，应当提到的是上合组织成员国元首理事会关于上合组织秘书处与欧亚经济委员会签署相互谅解备忘录的决议，以及中华人民共和国国家主席习近平提出的如下建议：

推动共建"一带一路"倡议同各国发展战略和包括欧亚经济联盟在内的区域一体化进程深入对接；加强基础设施互联互通，促进产业链、供应链、价值链深度融合；保障区域经济自由循环；通过人员往来"快捷通道"和货物运输"绿色通道"，加快实现复工复产；为企业营造开放、公平、非歧视的营商环境，扩大相互投资规模。

《俄中睦邻友好合作条约》反映了俄罗斯和中国的国内现实情况和外部发展环境，它不仅已成为俄中两国关系的明确而又全面的法律基础，而且提出了对于当前国际关系有着现实意义的双边关系模式。建立在公认的国际法原则基础之上的不结盟、不针对第三国、非意识形态化的长期平等伙伴关系，是一种在俄中关系之外也已受到青睐的关系类型。

俄中两国欧亚方案的对接是双方在当前阶段相互协作的优先方向。虽然具体预测和评估可能有所不同，但有一点俄中两国专家的意见是一致的：要实现规模宏大的一体化倡议，就必须深入认识现有的种种区域进程。

可以认为，保证实现欧亚经济联盟与中国"一带一路"倡议框架下的全面一体化的主要因素有以下几点：其一，俄罗斯和中国的战略协作，其中包括协调我们两国作为欧亚一体化进程倡议者和最重要推动者在地缘政治和经济方面的联合力量；其二，优先发展从参与方本国利益角度来看是互惠互利的区域多边合作领域；其三，利用和消化其他一体化联合体积累的成功经验。以上因素能够决定新的协作模式的产生，促进参与国之间市场一体化的巩固，并最终影响整个欧亚地区地缘政治发展取向的选择。

两个规模宏大的一体化倡议的对接堪称一项雄心勃勃的任务，但只要了解上述特点，同时制定出详尽的战略规划并逐步加以执行，就能够早日完成这项任务。

编后记

2021年是中俄关系发展中的重要年份，两国将迎来《中俄睦邻友好合作条约》签署20周年。为此，中国社会科学院于2020年9月开始与俄罗斯国际事务委员会共同编撰《庆祝〈中俄睦邻友好合作条约〉签署20周年文集》一书。该书用中文和俄文分别在中国和俄罗斯同时出版。中国国务委员兼外交部长王毅、俄罗斯外交部长谢·维·拉夫罗夫分别为该书作序。这是中国社会科学院与俄罗斯国际事务委员会合作的一项重量级成果，也是中俄两国思想界高层次对话的一件盛事。

中国社会科学院院长、党组书记谢伏瞻高度重视《庆祝〈中俄睦邻友好合作条约〉签署20周年文集》一书的编撰和出版工作，担任《庆祝〈中俄睦邻友好合作条约〉签署20周年文集》课题组组长；俄罗斯东欧中亚研究所所长孙壮志担任副组长，副所长金哲、李振利及战略室主任薛福岐具体策划，王晨星副研究员负责统稿；翻译及审校工作由来自中共中央党史和文献研究院、新华社、俄罗斯东欧中亚研究所编辑部的专业翻译及编审专家承担。

呈现在读者面前的《庆祝〈中俄睦邻友好合作条约〉签署20周年文集》一书，共收录中俄两国高级外交官、思想库专家的共计24篇高质量文章。该书从政治、经济、外交、安全、科技、人文及全球治理等多个角度，对《中俄睦邻友好合作条约》确立的世代友好理念、新型国际关系原则及中俄新时代全面战略协作伙伴关系发展进行了全面又深入的分析。中国社会科学院副院长王灵桂，中国社会科学院国际合作局局长王镭，中国社会科学出版社党委书记兼社长赵剑英、副总编辑兼重大项目出版中心主任王茵、智库成果出版中心常务副主任喻苗等为本书出版给予了大力支持，在此一并致以谢意。

中国社会科学院
《庆祝〈中俄睦邻友好合作条约〉
签署20周年文集》课题组
2021年5月16日

中国社会科学院
《庆祝〈中俄睦邻友好合作条约〉签署 20 周年文集》课题组

组　　长：谢伏瞻
副组长：孙壮志
策　　划：金　哲　李振利　薛福岐
统　　稿：王晨星
翻　　译（按姓氏笔画排序）：
　　　　　李京洲　迟润林　单之旭　赵国顺
审　　校（按姓氏笔画排序）：
　　　　　农雪梅　苏　畅　李中海　李丹琳
　　　　　张红侠　张昊琦　张琳娜　胡　冰
　　　　　徐向梅　高晓慧　郭晓琼